经济管理学术文库·金融类

债务杠杆、期限配置与高科技企业成长绩效

——基于深圳创业板的实证研究

Debt leverage, maturity allocation and growth performance of high-tech enterprises

李红松／著

经济管理出版社
ECONOMY & MANAGEMENT PUBLISHING HOUSE

图书在版编目（CIP）数据

债务杠杆、期限配置与高科技企业成长绩效——基于深圳创业板的实证研究/李红松著.
—北京：经济管理出版社，2018.11
ISBN 978-7-5096-6067-6

Ⅰ.①债…　Ⅱ.①李…　Ⅲ.①债务—影响—高技术企业—企业成长—研究　Ⅳ.①F276.44

中国版本图书馆 CIP 数据核字（2018）第 232821 号

组稿编辑：杨国强
责任编辑：杨国强　张瑞军
责任印制：黄章平
责任校对：王纪慧

出版发行：经济管理出版社
（北京市海淀区北蜂窝 8 号中雅大厦 A 座 11 层　100038）
网　　址：www. E-mp. com. cn
电　　话：（010）51915602
印　　刷：三河市延风印装有限公司
经　　销：新华书店
开　　本：720mm×1000mm/16
印　　张：12.75
字　　数：166 千字
版　　次：2018 年 11 月第 1 版　　2018 年 11 月第 1 次印刷
书　　号：ISBN 978-7-5096-6067-6
定　　价：68.00 元

前 言

企业成长是理论界和管理实践长期追逐的话题。扶持一批高科技企业快速成长，发挥其创新引领作用，是实施“创新驱动”国家战略的关键所在。尽管企业成长的影响因素复杂多变、每个高科技企业成长的路径不可复制，但仍有一定的规律可循。本书从资金运营视角研究债务杠杆水平及结构配置对高科技企业成长绩效的影响，探寻高科技企业成长的内在特征和规律，以期为企业管理实践提供有价值的参考。

高科技企业需要持续的R&D投入，并且存在未知的巨大风险，而一旦获得成功，往往会为其带来高速成长和超额利润。这一特点决定了高科技企业在资金筹集和来源方面有别于非高科技企业，或者说其资本结构具有自身的独特性。负债作为企业资金来源的主要形式，其水平和结构配置与企业成长存在关联，各种资本结构理论基于不同的研究视角也对此给予了肯定。由于深圳创业板上市公司90%以上属于高新技术企业，本书以此为选样框，对高科技企业的债务杠杆、结构配置与成长性的关系进行实证研究。

首先，对企业成长理论和资本结构理论进行梳理，从内生机理、外部环境和资金运营影响要素对高科技企业的成长机制进行分析；其次，介绍并比较了企业成长绩效评价的各类指标及主要方法，对创业板上市公司的成长性进行了评价分析、行业比较和跨市场比较，并对其债务杠杆水平和结构配置分别进行了描述性分析、区间分布特征分析及正态分布检验，以此作为变量与数据处理的依据；再次，在前述分析的基础上，选取创业板高科技上市公司为样本，分析债务杠杆、结构配置对其成长绩效的影响；最后，从研究结论出发，给出了支持高科技企业成长的融资政策建议。

当前正值宏观“去杠杆”深化阶段，企业普遍面临资金紧张问题，宏观政策由“大水漫灌”转向“定向精准”支持，需要解决好支持对象确定、手段和工具创新等问题。研究高科技企业债务杠杆、结构配置与成长绩效的关系，属于解决上述问题的前置工作，有助于提高政策实施的效率，也可以为企业管理者提供有价值的参考，这也是本书研究的出发点。

本书力求从内容体系和研究思路上有所创新，其中，对变量和数据的处理与分析是本书的特色之一。由于非上市高科技企业数据难以获得，实证研究对象的选取还不足以代表全部高科技企业，研究结论的普适性有待后续研究检验。限于作者水平，本书的研究还存在一定不足，希望读者给予指正，也希望能与同行共同交流、提高。

本书的出版得到湖北省社科基金、武汉科技大学产业政策与管理研究中心的资助。

目　录

第一章
引　言

第一节　研究背景与问题提出

一、研究背景

（一）世界金融危机以来中国经济总体形势的变化

自 2008 年世界金融危机以来，为了使经济迅速走出泥潭，各国普遍采取量化宽松货币政策以刺激经济复苏。为了延续改革开放以来国民经济快速增长的势头，中国政府也相应采取了积极的财政政策和宽松的货币政策，以刺激需求。但受人口红利消失、中国经济自身结构性问题等多方面因素影响，经济增长并未出现预期的回升势头，以需求侧为主的管理模式所取得的效果日益减弱，宏观经济各项指标均出现明显回落。

图 1-1（根据附表 1-1 数据绘制）为 2010~2017 年分季度 GDP 增长速度以及三次产业增加值增长速度走势图。从图 1-1 中可以看出，我国 GDP 自 2010 年以来，呈现逐季下滑走势，由 2010 年第一季度的 12.2%下降到 2016 年第一季度的 6.7%，之后出现企稳；分产业看，第二产业表现得更为明显，由 2010 年第一季度的 15.4%下

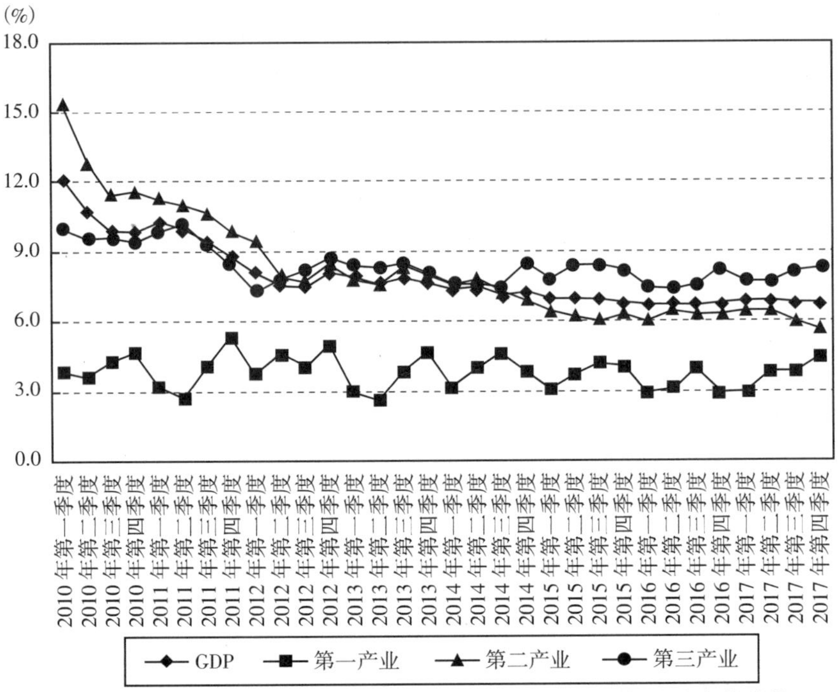

图 1-1　2010~2017 年分季度 GDP 及三次产业增加值增长速度变化趋势

降到 2016 年第一季度的 6.0%，经过一年多的横盘之后于 2017 年第三季度再次掉头下行。

图 1-2（根据附表 1-2 数据绘制）为 2010~2017 年分季度出口、消费和投资增长速度走势图。从图 1-2 中可以看出，国民经济“三驾马车”在 2015 年以前整体呈现下降趋势，但自 2016 年起出现分化，固定资产投资增长继续下降，但消费增速出现企稳、出口增速则出现回升，这一变化与经济增长速度的变化呈现出一定关联。

改革开放的前 30 年里，我国经济保持了持续超高速增长态势，年均增长速度达到 10%以上，2008 年世界金融危机爆发后，我国出口出现负增长、大批农民工返乡、经济面临硬着陆风险，为了应对困局，国家采取了一系列刺激措施和政策手段，如 4 万亿元投资计划、连续降准降息、暂停人民币升值等，期望通过投资、消费与出口拉动经济的增长。但由于长期以来经济发展过程中积累了大量问

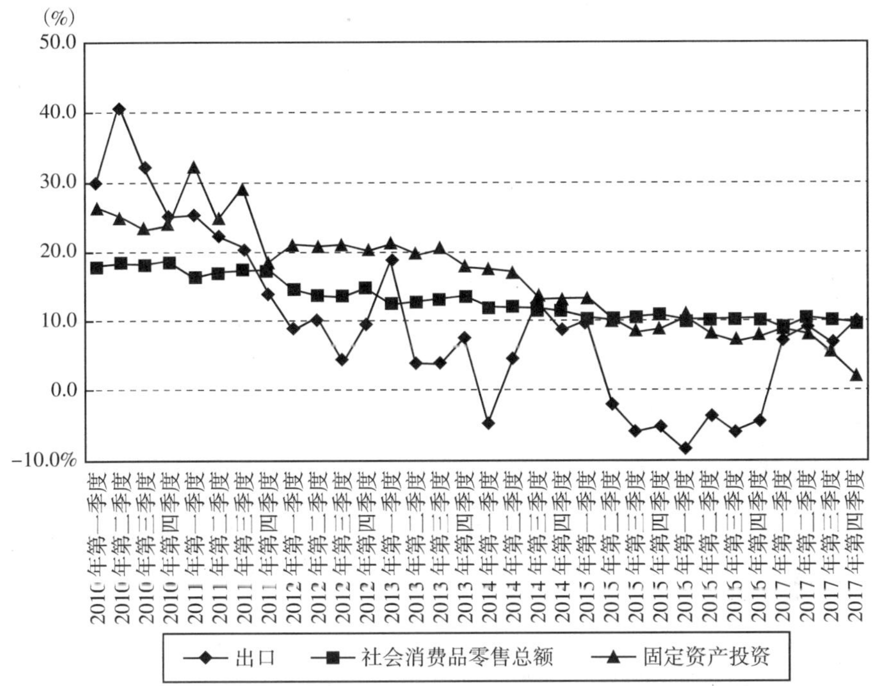

图 1-2 2010~2017 年分季度出口、消费和投资增长速度变化趋势

题，再加上受人口红利消失、宏观环境等系列因素的影响，经济增长难以再回到前期较高水平，社会经济发展迫切需要更深层次改革驱动。

（二）中国经济供给与需求层面的问题

2008 年世界金融危机爆发后，我国采取了一系列财政和货币方面的常规刺激措施，但结果不再有效，原因是多方面的，无论是供给面还是需求面都暴露出了较多问题。

第一，我国供给体系及结构存在较多问题。①由于长期依赖投资驱动的粗放式发展模式缺乏创新，造成中低端产品、传统产业产品和服务过剩，而高端产品和服务不足，最典型的如钢铁、玻璃等行业，在钢铁产业产能过剩严重的情况下，汽车和模具用钢等高端产品却严重依赖进口；平板玻璃产能严重过剩的情况下，电子用平板玻璃、电视用的大平板等不能自己生产，完全依靠进口；风电设备总体过剩，但控制系统和关键零部件完全依赖进口。在满足了消费者衣食住行基本需求的情况下，经济发展未能跟上老百姓消费升级加快的步伐，不能提供个性化和高端化的产品与服务供给。这意味着，当前中国经济面临的供需矛盾，需要着眼于供给端调整。②在传统产业产能过剩的情况下，企业生产经营成本却快速上升。企业的人力成本、原材料成本等各项费用不断上涨。在新《劳动法》实施、连续多年提高最低工资等系列举措后，企业用工成本大幅上升；水、电、煤、气等基本生产资料的价格，不仅高于其他中等收入国家，甚至高于高收入国家。其结果是，一方面产能过剩、产品价格下降，另一方面成本进一步提高，在丧失低成本优势的情况下，企业盈利空间进一步被压缩，竞争力削弱成为供给侧的致命硬伤。福耀玻璃、富士康等一批制造企业转向美国投资办厂正是生产成本上升导致的直接结果。

第二，以需求侧为主的管理手段所取得的经济效果日益减弱、累积风险上升。自 1998 年以来，我国宏观调控主要针对需求侧管理，即通过投资、消费与出口“三驾马车”拉动经济增长。需求侧管理已成为促增长最常用的方法，对推动经济发展曾发挥重大作用，让中国率先走出 1998 年的亚洲金融危机以及 2008 年国际金融危机的阴影。但与此同时，货币的超量发行和社会融资规模的急剧上升（见图 1–3），年末货币余额由 2002 的 18.5 万亿元增加到 2015 年的 139.2 万亿元，2017 年末进一步达到 167.7 万亿元，社会融资规模由 2002 的 14.9 万亿元增加到 2017 年的 174.6 万亿元。分阶段看，2008 年后上升速度明显加快，而同期经济增长速度却明显下滑。这表明，我国长期奉行的需求侧管理所起的作用正日益减弱。伴随着货币供应边际增长的快速递减，自 2014 年以来，出现经济增长速度下降、工业品出厂价格下降、企业利润增幅下降和财政收入增幅下降的“四降一升”的恶化信号。受微观领域经营状况的恶化传导，致使银行不良资产上升，加上银行业过快商业化、国家信用的过度使用以及非银行机构围绕银行资金形成的庞大影子银行体系，加大了经济发生系统化风险的概率。

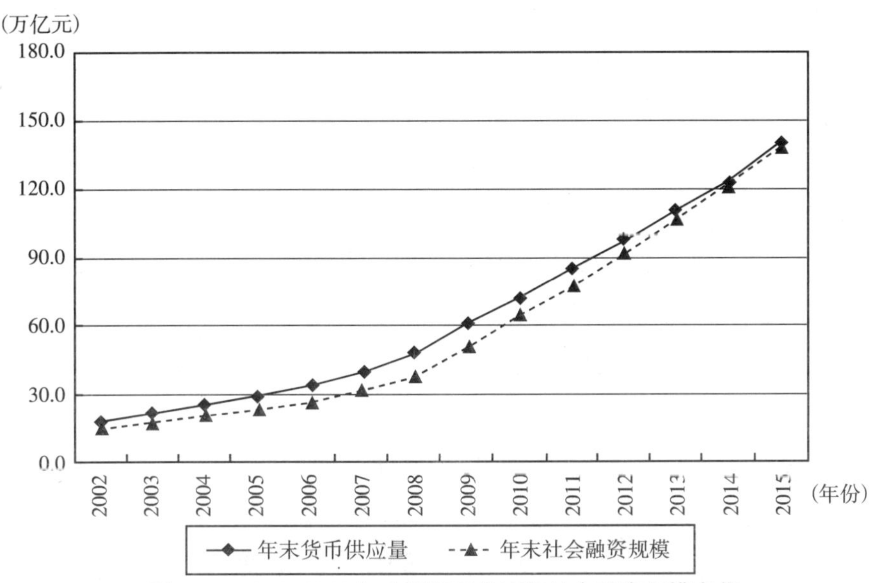

图 1-3 2002~2015 年中国货币供应与社会融资规模变化

资料来源：根据《中国统计年鉴》（2016）数据绘制。

（三）中国供给侧改革的时代背景

第一，经济增长面临新常态。所谓经济新常态，是指经济增长速度从过去 10%左右的高速增长转为 7%~8%的中高速增长。《人民日报》2014 年 8 月 4 日人民视角栏目载文指出，当一个国家或地区经历了一段时间的高速增长后，都会出现增速“换挡”现象：“1950~1972 年，日本 GDP 年均增速为 9.7%，1973~1990 年回落至 4.26%，1991~2012 年更是降至 0.86%；1961~1996 年，韩国 GDP 年均增速为 8.02%，1997~2012 年仅为 4.07%；1952~1994 年，我国台湾地区 GDP 年均增长为 8.62%，1995~2013 年下滑至 4.15%。”国家信息中心首席经济师范剑平分析后得出结论，不少国家的经济增速都是从 8%以上的“高速挡”直接切换到 4%左右的“中速挡”，而中国经济有望在 7%~8%的“中高速挡”运行一段时间，这是因为中国是一个发展很不平衡的大国，各个经济单元能接续发力、绵延不绝，导致发展能量巨大而持久，因而中国经济有望在7%左右的中高速挡运行一段时间，经济发展呈现L形。另外，从国际经验如韩国、日本等国看，中国经济由高速增长转向中高速增长，乃至将来的中速增长，一般需要经历15年左右甚至更长时间。

第二，传统的人口红利逐渐消失。改革开放以来，中国经济的高速增长很大程度上得益于劳动人口占总人口比例不断上升的“人口红利”。但中国已经接近或到达刘易斯拐点，面临劳动力由过剩向短缺变化的转折点。通过图1-4（依据附表1-3数据绘制）可以看出，中国劳动年龄人口（男15~59岁，女15~54岁）在经历多年增长后，已于2010年达到顶峰值8.99亿人，之后进入下降通道，而劳动年龄人口占总人口比例早在2006年已上升到最高点67.66%，之后出现快速下降，这表明中国人口红利业已消失。中国社科院副院长蔡昉指出，随着人口红利的逐步消失，中国经济的潜在增长率将不可避免下滑。

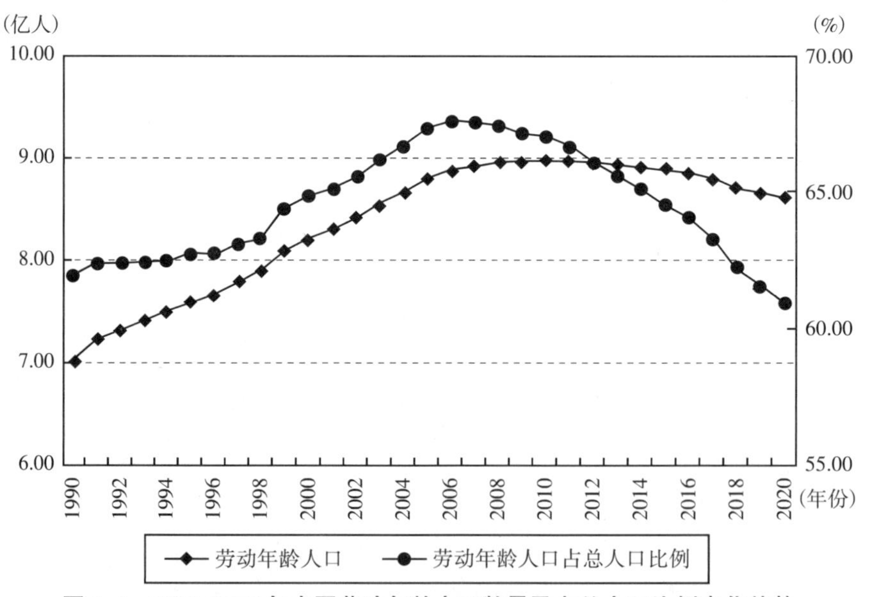

图1-4 1990~2020年中国劳动年龄人口数量及占总人口比例变化趋势

第三，中国在向中高收入国家迈进的过程中面临“中等收入陷阱”风险。“中等收入陷阱”是指当一国人均国民收入达到中等收入水平后，因贫富悬殊、环境恶化甚至社会动荡等问题，导致经济发展徘徊不前，陷入经济增长停滞期，在相当长时间内无法成功跻身高收入国家行列。21 世纪以来，中国人均国民收入快速增长，由 2000 年的 930 美元提升到 2017 年的 8800 美元。目前中国已处在中高等收入发展阶段，既面临向高收入国家行列跃升的机遇，也面临落入“中高收入陷阱”的危险。人口红利、劳动力供给增速、劳动生产率增速、经济开放程度、市场准入限制降低，外部环境、社会稳定程度以及收入分配公平程度等，能否在中等收入阶段成功转换增长动力机制、调整发展结构，是中国能否跨越“中等收入陷阱”的关键。

二、问题提出

（一）企业资金需求层面的问题

近年来，资金问题是微观企业层面普遍面临的问题，突出表现在融资难方面。根据中国人民银行各季度发布的 5000 户企业家问卷调查结果显示，自 2010 年第四季度至 2015 年第四季度，企业资金周转情况较好的企业比例和销货款回笼状况较好的企业比例持续下滑（见图 1–5），至 2016 年第一季度略为好转，2015 年第四季度仅有 52.0%的企业资金周转状况较好，55.8%的企业本季销货款回笼状况较好，近一半的企业存在资金周转问题，而这一状况还是发生在全球金融危机爆发后不断采取宽松货币政策和积极财政政策的背景下。

造成这一问题的原因是多方面的，既有宏观政策环境因素又有微观运行问题，既有实体经济结构问题又有金融政策实施问题，既有长期因素制约又有短期因素制约。自 2008 年全球金融危机以来，国家密集出台了大量政策措施，采取“大水漫灌”方式着力解决企

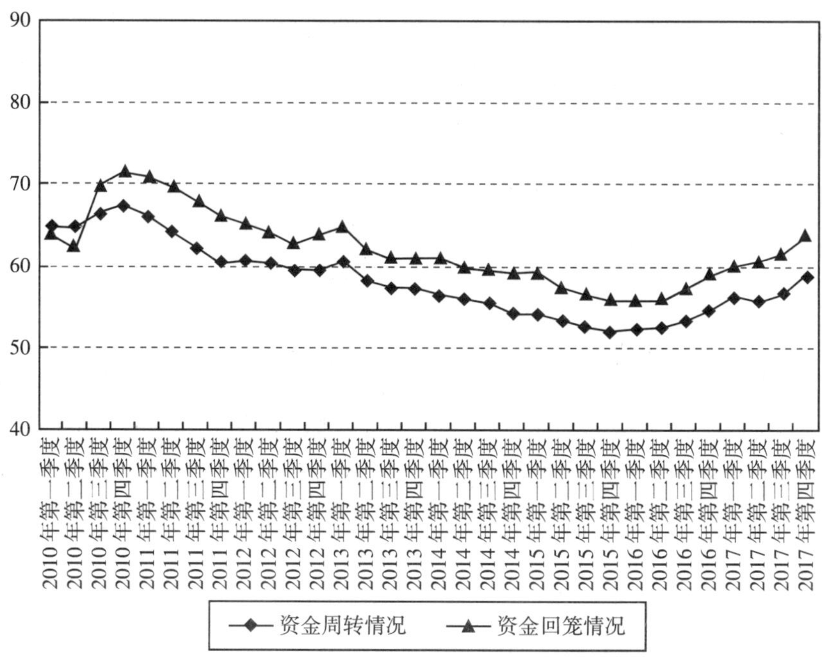

图 1–5 2010~2017 年分季度企业资金周转及回笼情况

资料来源：根据中国人民银行各季度发布的 5000 户企业家问卷调查结果绘制。

业发展中存在的资金问题。但资金并未流入实体经济，而是游离于房地产及虚拟经济领域，政策措施的执行效果并不理想。其中，政策缺乏针对性是原因之一。如何找准着力点、精准发力，使政策实施收到更好的效果，是政策制定者和执行者亟待解决的问题。

（二）宏观杠杆率与“去杠杆”对微观实体经济层面的影响

国际上通常使用两个指标衡量宏观杠杆率：一是 M2/GDP；二是非金融部门债务/GDP。据中国社会科学院发布的《中国国家资产负债表 2015》报告，2007~2013 年短短的 7 年时间，国家总负债从 118.9 万亿元增加到 339.1 万亿元，增加 220.2 万亿元，年均增长 36.7 万亿元，国家负债率由 41.8%提高到 49%，上升 7.2 个百分点，年均提高 1.2 个百分点；2014 年末，中国经济整体负债总额占 GDP 的比重由 2008 年的 170.0%上升到 235.7%。剔除金融机构，中国实体部门债务为 138.33 万亿元，占 GDP 比重从 2008 年的 157%上升到2014年的217.3%。金融领域负债率过高容易导致某些环节资金链断裂，进而传导到实体经济，导致经济出现系统性危机。因此，降杠杆成为防止系统性危机发生的重要一环。

中国社科院财政税收研究中心课题组发布的《中国政府资产负债表2017》显示，在政府负债方面，2010~2015年，如果计入社保基金缺口的参考值，政府总负债从约40万亿元增至约70万亿元；如果不计入社保基金缺口的参考值，政府总负债从约30万亿元增至约60万亿元，5年间分别增长了约70%和约100%，说明政府负债规模增长较快。

另据央行资产负债表显示，截至2016年底，中国总债务为244万亿元（不含外债），外债规模为1.42万亿美元（人民币口径计算9.86万亿），中国债务合计达到254万亿元，2016年我国GDP为74.4万亿元，我国的总负债率达到341.4%。分部门看，非金融部门2016年总负债102.6万亿元，负债率为138%，远高于其他发达经济体；家庭部门2016年总负债33万亿元，负债率44.4%，虽然低于G20国家平均60%的水平，但考虑人均GDP与杠杆率比较，则中国家庭部门负债仍处于较高水平；2016年政府部门总负债41.2万亿元，负债率55.4%，虽然远低于发达国家100%以上的负债率，但增速仍较快。

无论是官方还是国内研究机构的估算，均表明中国经济整体杠杆率偏高。造成杠杆率偏高的因素主要有居民部门的巨额房贷、政府部门主导的天量基建和国企低效无序扩张，这三者也是引发信贷泡沫、导致金融体系不稳定的核心因素。为了控制系统性风险的发生，2015年11月，中央提出了着力加强供给侧结构性改革的指导思想，2016年1月提出研究供给侧结构性改革方案，在适度扩大总需求的同时，强调“去产能、去库存、去杠杆、降成本、补短板”的结构改革措施，从生产领域加强优质供给，减少无效供给，扩大有效供给，提高供给结构适应性和灵活性，提高全要素生产率，使供给体系更好适应需求结构变化。

去杠杆主观上是为了金融安全和金融稳定，客观上也对实体经济产生了一定压力，主要反映在实体经济融资成本（价格）和数量方面。数量方面，M2 及社会融资增速等指标出现下降；价格方面，较为敏感的指标包括票据再贴现利率、温州民间借贷利率、信托产品发行利率以及实际房贷利率均出现回升，进而导致实体经济融资成本上升。在融资增速减缓的情况下，如何配置新增融资结构及新增融资成本，使实体经济免受过度伤害，是摆在监管部门及政策执行者面前的一道难题。

（三）高科技企业的重要地位与去杠杆背景下的支持

高科技产业是以高新技术为基础，从事一种或多种高新技术及其产品的研究、开发、生产和技术服务的企业集合。高科技产业所拥有的关键技术开发难度大，但一旦开发成功，往往具有超常的经济效益和社会效益。鉴于高科技产业在国民经济和社会发展中的突出作用，“十三五”规划明确提出实施“创新驱动”的发展战略，强化科技创新的引领作用，因此培育一批高科技企业快速成长，是落实“创新驱动”发展战略的基础。

去杠杆是金融周期到达顶部后提出的客观需求，也是银行和市场主体自发选择的行为，但去杠杆的根本目的是经济结构性改革、提高全要素生产率，是我国社会经济发展进入新阶段的必然选择。在去杠杆过程中，不可避免会对实体经济造成影响，如何减小伤害是经济减速换挡能否成功的关键。研究高科技企业成长的资金需求特征与运营规律，有助于对其实施定向精准支持，也是本书研究的出发点。

三、研究意义

（一）扶持高科技企业快速发展是实施“创新驱动”国家战略的基础

“十三五”规划将创新摆在国家发展全局的核心位置，提出了“创新驱动”的国家战略构想，作为创新驱动的重要力量，大力扶持培育高科技企业快速成长是实施创新战略的关键所在。在当前经济新常态背景下，国家倡导通过一系列政策对宏观经济或企业进行定向调控与精准支持。发挥政策效率、充分利用资源需要创新定向支持工具，以精准支持高科技企业的快速成长、促进高新技术产业的迅速发展，进而为“创新驱动”提供强力支撑。

（二）厘清高科技企业快速成长的资金运营规律是实施定向支持的前提

产业结构升级依赖一批高科技企业的崛起与引领。实践表明，处于科技创新前沿、引领市场走向的一大批高科技企业都经历过快速成长阶段。高成长企业作为企业成长中少有的现象，因其在创造就业和经济增长中的重要作用，自 20 世纪 90 年代中期开始逐渐引起高度关注，高科技企业更是这一群体中值得重点关注的对象。从企业资金运营视角探索高科技企业快速成长过程中的内在规律，揭示影响高科技企业快速成长过程中的资金运营特征，通过制定政策、创新定向支持金融工具，进而可以针对企业财务状况实施精准资金支持。与以往采取全面刺激与“大水漫灌”的实施方式相比，定向支持更具针对性、灵活性和有效性。厘清高科技企业快速成长的资金运营规律，是创新支持政策和实施工具的前提，只有找准金融支持的切入点，才能实行定向支持、精准发力。

（三）可以为企业管理者依据成长战略整合内部财务资源配置提供实践参考

尽管企业外部环境和自身情况存在差异，成长路径各不相同，但高科技企业成长仍存在共同规律。企业成长首先表现为规模的扩张，这种扩张需要通过一系列资金运营得以实现，因此，高科技企业成长必然存在资金运营方面的规律，在融资、周转、回收、分配各环节表现出一定的特征。企业债务水平及债务结构配置涉及融资和分配环节，现有的理论研究均表明，债务杠杆和结构配置对企业成长既存在积极促进作用，也存在消极负面影响，探寻适合高科技企业快速成长的最优杠杆区间和合理的债务配置结构，可以为企业管理者根据成长战略整合内部财务资源提供参考依据。

第二节 相关研究文献综述

一、债务杠杆与企业成长研究文献综述

债务杠杆（Debt Leverage）是企业负债与权益资本之比，一定程度上反映了企业的资本构成，属于公司治理中资本结构的研究范畴。传统资本结构理论主要研究资本与负债的结构关系，探究其对企业的资本收益、财务成本与经营方面的影响，现代资本结构理论则围绕资本结构的决定因素及其经济效果进行了深入扩展，先后产生了一系列理论。

现代资本结构理论始于 Modigliani 和 Miller（1958）提出的 MM 定理，围绕资本结构的决定因素及其经济效果，MM 定理及其扩展定理讨论了不同限制条件下，企业市场价值与债务水平、融资方式和债务期限结构的关系，在此基础上，Myers 等进一步引入所得税、财务危机成本和代理成本、信息不对称、企业控制权等因素，分析资本结构对企业价值或绩效的影响，先后产生了权衡理论、代理理论、信息传递理论和金融契约理论等。由于资本结构的多种效应，

债务杠杆对公司价值或绩效的影响也就变得更为复杂，各种理论对此也存在截然不同的观点，一个共同的结论是债务杠杆影响公司价值或绩效，债务杠杆既能对公司业绩和市场价值产生促进作用，但同样也会产生负面影响，其综合效应取决于现实情况的差异。

尽管各种资本结构理论并未直接涉及债务杠杆与企业成长的关系，但成长性作为反映企业绩效的重要指标之一，与债务杠杆之间存在何种联系，也引起了研究者的关注。由于企业成长微观决定因素的复杂性以及各国宏观层面的差异，学者们关于债务杠杆与企业成长性之间的理论分析与实证研究结论存在诸多分歧，主要有以下四种观点：

（一）债务杠杆与企业成长存在负向影响关系

Myers（1977）认为，高成长公司比低成长公司可能持有更多实际选择权，当存在高成长机会时，企业所有者为追求自身利益最大化，会增加权益融资比重，所以有高成长机会的公司不会首先选择举债，因而债务杠杆预期与成长机会负相关；Jensen 和 Meckling（1976）也认为财务杠杆随着成长机会的减少而增加；Berens 和 Cuny（1995）的理论分析表明，企业成长意味着权益融资，即使在低破产成本的现实世界中也是如此；Hovakimian、Opler 和 Timan（2001）的理论模型也指出，企业应以更多的债务融资支持当前任务，以股权融资支持增长机会。Langberg（2008）、Muller（2009）、Stefan 和 Zacharia（2010）等的实证研究结果也表明两者存在负相关。肖作平和吴世农（2002）、毛英和赵红（2010）、陆珩瑱和吕睿（2012）、戴钰（2013）、李军林等（2015）、史永东等（2017）、单丹丹和余国新（2017）等对我国上市公司的分析也得出两者存在负相关的结论。

（二）债务杠杆与企业成长存在正向影响关系

Myers 和 Majluf（1984）认为，在信息不对称和完全有效市场假设下，企业负债融资优先于股权融资，由此推测债务杠杆与企业成长存在正向关系。Kaplan（1989）对美国公司的研究表明，高度负债有助于企业的绩效提升；Smith 和 Watts（1992）、Barclay 和 Smith（1995）、McConnell 和 Servaes（1995）、Lang 等（1996）、Antoniou（2008）和 Molinari（2016）等的研究也得出相同的结论。高鹤和柴玉珂（2005）对我国制造业上市公司、张则斌等（2000）对我国非金融类上市公司、吕长江和王克敏（2002）对工业类上市公司、肖作平（2007）对非金融类上市公司的研究也得出相同结论；张征超和杨凤伟（2016）对中小板公司的研究同样表明负债率与成长性正相关。

（三）债务杠杆与企业成长无线性相关

Miller（1976）认为，负债的抵税作用与债务利息收入所交个人所得税的损失大体相当，因此公司价值与资本结构无关。基于此，研究者推断债务杠杆与公司成长不相关，一些实证分析也支持了这一结论。Titman 和 Wessels（1988）基于负债代理角度的实证研究结果显示两者不相关；Charalambakis 和 Psychoyios（2012）对英国公司的实证研究也显示两者不相关。国内研究方面，陆正飞和辛宇（1998）对上交所机械及运输业上市公司的分析表明，成长性对企业资本结构影响并不显著；洪锡熙和沈艺峰（2000）对上交所工业类公司的研究也得出相同的结论；刘玉来（2016）对国内传统产业类上市公司的研究表明，成长性和债务杠杆没有相关性。

（四）债务杠杆与企业成长在不同的杠杆区间存在不同的关系

Myers（1984）认为，理想的负债与权益资本比应在负债价值最大化与债务上升带来的财务危机成本和代理成本之间权衡，企业存在最优资本结构区间，由此推论，债务杠杆与企业成长的关系受其他中介因素影响，因中介因素的表现不同而呈现不同的关系。Lang（1994，1996）研究发现，对于高托宾 Q 值公司，杠杆与公司成长间正相关，而低托宾 Q 值公司，杠杆会抑制公司成长；Sabiwalsky（2010）的研究表明，企业的杠杆率呈现非线性特征，随着企业的发展，只有当负债的免税收益净现值和倒闭费用预期值的净现值差距最大时，企业达到最优杠杆率；Molinari（2013）发现，债务率与企业增长之间呈倒U形关系。国内方面，严晨宇（2011）的研究表明，高成长性企业中负债水平与成长性显著负相关，而在低成长性自由现金流量充足的企业中，资本结构与成长性之间的负相关性不显著；崔晓燕和王梅（2012）研究得出资产负债率与公司经营绩效之间存在倒U形关系；李军林等（2015）的研究表明，成长类企业的成长性与负债率之间有反向关系，而非成长类企业中则表现出正向关系。

现有理论及实证研究结果表明，有关债务杠杆与企业成长间的数量关系方面，并不存在针对所有企业和不同市场普遍成立的结论，其原因是多方面的，除了理论依据和研究方法的选择可能会导致研究结论的差异外，根本原因在于企业层面和市场环境层面的复杂性。从企业层面看，企业规模（Frank和Goyal，2009；Warner，1977；吕长江和王克敏 2002）、行业特征（刘玉来，2016；王怡，2007）和技术创新能力（陈昆玉，2015）等因素的差异可能直接影响企业成长过程中对杠杆率的选择；从市场环境层面看，资本市场的发展、货币与金融政策、税收政策等宏观层面的因素差异，对企业层面产生了直接影响，又对杠杆率产生了间接影响（Abe、Razaul和Thuy，2008；Eduardo和Herbert，2011），从而解释了为何拥有同样成长性指标的企业，在不同国家和地区有不同的最优杠杆率。

二、债务期限结构与企业成长研究文献综述

债务期限结构（Debt Maturity Structure）是指企业负债融资中债务期限长短的配置。债务期限结构的选择是债务融资最重要的决策之一，债务期限选择不当不仅会危及企业自身的财务安全，还会影响到债务融资治理效益。企业的债务期限选择除了受宏观经济环境、行业景气周期等外部环境因素影响外，更主要地取决于企业自

身的生产经营和发展战略需要，包括未来成长机会、现存资产的期限、公司质量、自由现金流量、公司规模、信息不对称程度、实际所得税税率和波动性等因素。现代财务管理理论中关于债务期限结构选择的研究理论较多，主要有契约成本假说、信号传递假说和税收假说等，这些理论围绕债务期限结构的影响因素以及债务期限结构与公司价值或绩效的关系进行了研究，其中，不同理论关于债务期限结构与成长性的关系方面有不同解释，实证研究结论也存在分歧，主要有以下几种结论：

（一）债务期限与企业成长性负相关

Myers（1977）从代理成本的视角解释了企业债务期限结构与成长性之间的关系，他认为投资机会越多的公司成长机会越多，其所代表的增长期权越多，当股东和债权人在行权时会引发代理冲突问题，短期债务为企业提供了日常经营所需支付的现金，会增加现金流出企业的机会，也促使经营者具有危机感，这不但有利于管理层控制现金流流出企业，而且也降低了债务的违约风险，有利于防止资产替代和投资不足现象的发生，因此较高的短期债务比例有利于企业成长。Jensen（1986）指出，提高短期债务的比重有助于缓解代理冲突，因为短期债务期限短、偿还压力大、弹性差，从而使得企业的破产风险大大增加，企业为了避免债务违约风险，不得不对资金的使用加以有效控制，以提高资金使用效率。短期债务有助于现金流的控制，防止资产替代现象的发生，显现短期债务的治理效应，最终起到降低风险、促进企业可持续发展的作用。

Hart 和 Moore（1995）认为，短期借款不但可以获得税收优惠，而且可以无形中产生治理作用，这种治理作用是通过偿债压力限制管理层滥用自由现金流而实现的，长期债务的治理作用体现为防止管理者的无效扩张。

Barclay 和 Smith（1995）使用资产市场价值与账面价值之比来衡量企业的成长性，得出的结论与其他几位学者相似，即企业的债务期限结构越长成长性越差。与 Barclay 和 Smith 的研究方法一样，Johnson（2003）也以资产市场价值与账面价值之比来衡量企业的成长性，其实证结果也证实了企业的短期债务越多成长性越好。

肖作平和李孔（2004）研究发现，我国上市公司成长性与债务期限呈相反关系，成长速度越快的公司越倾向于使用短期债务筹资，以填补资金缺口并化解代理问题。肖作平（2005）对沪深股市非金融类上市公司的研究发现，公司成长性越高，长期债务比例越低。肖作平（2011）的研究表明，过多的短期债务因破产风险的存在而加大了实际控制人的掠夺成本，因此短期债务具有债务治理方面的优势，其比例越高越有利于企业成长。张玉明和王墨潇（2013）研究发现，短期债务多的企业其成长性优于长期债务高的企业，说明债务期限结构与成长性负相关。魏兵（2013）在考虑代理冲突的情况下，发现成长性与长期债务负相关。

（二）债务期限与企业成长性正相关

Schiantarelli 和 Srivastava（1996）研究发现，债务期限结构与企业价值存在相关关系，随着债务期限的延长，企业的发展状况也随之越来越好，销售增长率显著加快，因此长期债务能增加企业的成长机会。

Auerbach（1985）通过对企业的实证研究发现，债务期限与企业的成长存在重要的相关关系。长期债务对企业的成长起到正向促进作用，短期债务对企业的成长存在不显著的负向影响。Hart（1995）研究指出，企业使用长期债券可以减少短期债务压力，还款期限的延长有利于企业安排回收期限较长的投资项目，这样，投资不足的问题就得以解决。Highfield（2008）的研究结果也支持了 Hart 的研究，他还指出成长性好的企业有使用长期债务的偏好。

国内学者的研究中，旷国栋（2006）实证研究得出了企业的长期债务比率与其成长性呈正相关的结论。杨兴全（2007）分析发现，非流动负债比例的提高更有利于成长性不高的公司发展。毛洪安和李晶晶（2010）的研究表明，高成长性公司为避免破产风险，倾向于使用长期债务缓解资金不足，这表明企业成长性与债务结构正相关；张超和顾乃康（2012）研究得出，风险控制能力强的企业，其成长性与债务期限结构正相关。

（三）债务期限与企业成长性不相关或因债务类型而不同

与上述两种研究结论不同，也有学者经过研究得出债务期限结构与成长性不相关的结论。Titman 和 Wessels（1988）指出，长期债务与权益市场价值之比对企业的成长性无显著影响；长期债务与权益账面价值之比与企业的成长有正相关关系；短期债务与权益市场价值之比与企业的成长方向相反，即存在负相关关系，短期债务与权益账面价值之比与企业的成长性存在正相关关系。Arslan（2006）采用与 Titman 和 Wesseis 相似的方法衡量企业成长性，同样使用资产的市场价值与账面价值的比值的增长状况，以德国、法国和英国的上市公司年度财务数据为样本进行实证研究，得出了企业的债务期限结构与其成长性不存在显著相关关系的结论。Caietal（2008）使用资产的市场价值与资产负债表中债务的期末数之比来表示企业的成长性，并且得出了企业债务期限结构与成长性之间不存在显著相关性的结论。Stohs 和 Mauer（1996）使用资产市场价值对账面价值的比率度量公司成长机会，研究表明，公司成长机会与其债务期限结构之间没有显著的相关性。

国内的研究中，王冉（2008）对中小板上市公司的研究发现，成长性与债务期限结构不存在显著相关关系。杨兴全和吕裙（2004）对成长性的衡量方式选择上，以资产的市场价值和期末资产负债表中所有债务的账面价值之比作为上市公司评价的标准，根据所选择数据行业的特点，以所选择样本的面板数据为基础进行实证研究，研究发现，公司债务期限结构与成长性没有显著的相关关系。肖坤和秦彬（2011）的研究表明，在企业的所有负债中，流动负债的治理作用并不明显，或者说没有发挥债务治理作用，虽然短期债务在抑制大股东的掠夺行为和增加企业的价值方面具有较好的效果，但并不能使经营者提升公司的业绩水平，因而与公司成长无相关关系。

第三节 基本思路与框架结构

一、基本思路

本书遵循提出问题、理论分析、实证研究、结论分析与政策建议的逻辑思路，研究债务杠杆和结构配置对高科技企业成长绩效的影响，具体研究路线如图 1-6 所示。

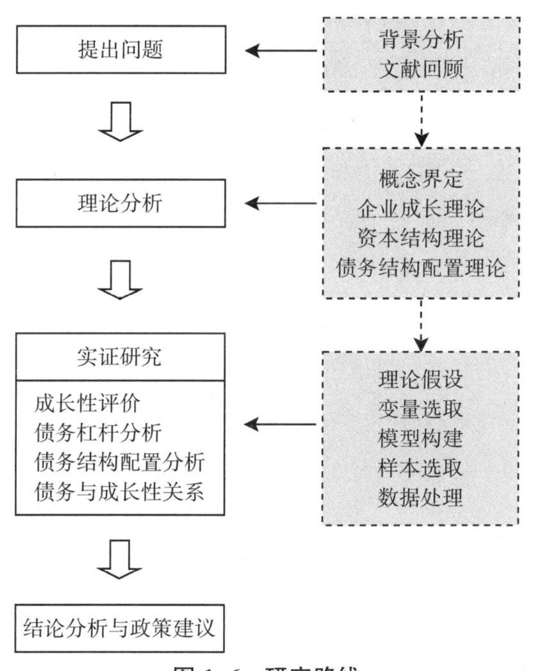

图 1-6 研究路线

提出问题部分：通过对当前宏观经济背景的分析，引出需要研究的问题，并阐明这一研究的理论和现实意义；通过对国内外相关研究文献的梳理，进一步明确需要研究的具体问题和主要内容。

理论分析部分：明确本研究所涉及的相关概念，对本书所依据的企业成长理论和资本结构理论进行梳理，为实证分析提供理论依据。

实证研究部分：设计研究方案，依据相关理论及已有的实证研究结果提出假设，构建模型，对模型变量及数据进行分析处理，利用统计分析工具对模型进行拟合估计，并对假设加以检验。

结论分析与政策建议部分：对研究结果进行总结，明确实证研究结果的启示意义，提出政策建议。

二、框架结构及主要内容

本书按提出问题、理论分析、实证研究、结论分析与政策建议的逻辑思路安排内容，全书共分七章。其中，第一章主要通过背景分析和文献回顾提出问题；第二章介绍主要概念、企业成长理论和资本结构理论；第三章分析高科技企业的成长机制；第四章介绍高科技企业成长性度量和评价的理论及方法，并对创业板上市公司成长性进行评价分析；第五章对创业板高科技公司债务杠杆水平与期限配置进行分析；第六章为债务杠杆、结构配置与高科技企业成长关系的实证分析，是本书的重点内容之一；第七章为政策建议及研究总结。各章节具体安排如下：

第一章　引言，共分三节，分别为背景分析与问题提出、文献回顾、基本思路与框架结构。背景分析通过对近年来中国经济形势的变化和供给与需求层面存在的问题进行分析，引出中国供给侧结构性改革的时代背景；通过分析微观企业层面融资需求问题、“去杠杆”对微观层面的影响、高科技企业在“创新驱动”国家战略中的重要地位，提出支持高科技企业成长的必要性和意义；文献回顾围绕债务杠杆与企业成长和债务期限结构与企业成长两方面进行分析综述。

第二章 相关概念及研究的理论基础，共分四节，分别介绍相关概念、企业成长理论、资本结构理论、债务期限结构配置理论。概念介绍围绕高科技企业、企业成长、债务杠杆和债务期限配置等主要概念进行界定；企业成长理论按外生成长理论、内生成长理论和其他成长理论分别介绍；资本结构理论按产生的时间顺序对主要资本结构理论流派进行介绍评价；债务期限结构配置理论主要介绍债务与资产结构匹配理论、债务期限配置的代理成长理论、债务期限配置的信号传递理论和债务期限配置的税收假说理论。

第三章 高科技企业成长机制分析，共分三节，分别对高科技企业成长的内生机理、高科技企业成长的外部环境因素和高科技企业成长的资金运营影响要素进行分析。高科技企业成长的内生机理主要分析高科技企业成长的动因、影响因素和资源基础；外部环境因素主要分析宏观经济周期与行业生命周期、政策法律环境和市场生态环境对高科技企业成长的影响；资金运营影响要素分企业资金筹集、偿债能力、运转效率、运营效益和现金流量五大类指标分别加以介绍。

第四章 高科技企业成长性度量与评价，共分三节，主要内容为成长性度量与评价的指标、方法和创业板上市公司成长性分析。其中，成长性度量与评价指标主要介绍指标选取原则、指标类型和指标间的关联性；评价方法分单一指标直接度量、单一指标间接度量和多指标综合评价分别介绍，并对各种方法的适用性进行比较；创业板上市公司成长性分析分成长性描述分析、区间分布特征和正态分布检验，并对不同行业和不同市场成长性加以比较。

第五章 创业板高科技公司债务杠杆水平与期限配置分析，共分三节，分别对创业板高科技上市公司总债务杠杆水平、流动债务杠杆水平和债务期限结构配置进行分析。总债务杠杆水平和流动债务杠杆水平包括描述性分析、区间分布特征、正态分布检验，并与其他市场比较和分行业比较；债务期限结构配置分析包括描述性分析、区间分布特征和行业比较。

第六章　债务杠杆、结构配置与高科技企业成长关系实证分析，共分六节，包括研究设计与理论假设、变量选取与模型建立、样本选取与数据处理、债务杠杆、债务结构配置与高科技企业成长性相关分析、债务杠杆、期限配置与高科技企业成长绩效的回归分析和实证分析结论。

第七章　政策建议及研究总结，共分三节，包括基本结论与启示、政策建议和研究贡献、不足与展望。

第二章

相关概念及研究的理论基础

第一节 相关概念

一、高科技企业

高科技企业也称为高新技术企业或高技术企业，指从事高新技术及其产品的研究、开发、生产和技术服务的企业。高科技企业所拥有的关键技术往往开发难度较大，需要较大的投入并承担较大风险，但一旦开发成功，会具有远高于一般产品和服务的经济效益和社会效益。

不同国家、不同行业对“高新技术企业”并无统一界定，但通常以满足知识密集和技术密集两个基本特征作为认定原则。认定高科技企业一般使用 R&D 强度和企业科技人才强度作为标准，R&D 强度是指研究开发费用占企业销售收入的比重；企业科技人才强度是指科技人员占总员工的比例。

对高科技企业的认定办法，科技部最早于 1996 年颁布的“国家高新技术产业开发区高新技术企业认定条件和办法”中明确规定了高科技企业的认定条件，其后于 2000 年、2008 年和 2016 年进行了多次调整和修改。依据 2016 年 1 月 1 日国务院最新颁布实施的新的《高新技术企业认定管理办法》，由科技部、财政部及国家税务总局共同制定了《高新技术企业认定管理工作指引》（以下简称《指引》）。根据新《指引》，明确了高新技术企业认定须满足以下几个方面的条件：

（1）年限。要求成立 1 年以上。

（2）知识产权。拥有在中国境内授权或审批审定的知识产权。

（3）高新技术产品（服务）与主要产品（服务）。在企业发挥核心支持作用的技术属于《国家重点支持的高新技术领域》规定范围的产品（服务）。

（4）高新技术产品（服务）收入占比。起核心支持作用的主要产品（服务）收入之和在企业同期高新技术产品（服务）收入中超过 50%。

（5）企业科技人员占比。科技人员占全部员工的比重必须达到一定比例。

（6）企业研究开发费用占比。企业 R&D 支出占当年收入的比重。

（7）企业创新能力评价。使用知识产权、科技成果转化能力、研究开发组织管理水平和成长性四项指标衡量企业的创新能力，要求企业符合一定的标准。

由于对高新技术企业存在较大幅度的优惠和扶持，我国对于高新技术企业有严格的认定标准和审批程序。现行对高新技术企业的认定由企业自行申报、专家审核的方式进行，并根据技术的实效性实施动态调整和统一管理，每年申报复核。本研究所指高科技企业特指根据指引，由国家相关部门审核认定的高新技术企业。

二、企业成长

（一）国外学者对企业成长的定义

关于企业成长（Growth）的含义一直存在界定上的分歧。在古典企业理论中，企业成长是分工加深和市场范围扩大导致的企业规模扩大和数量上的增多。新古典理论则认为企业成长是企业不断调整达到最优规模的过程，马歇尔在《经济学原理》中将企业成长描述为规模扩大和竞争力增强。新制度经济学认为，企业成长首先是企业经营规模的扩大，其次表现为企业边界的扩展。

Schumpeter（1954）则从创新角度看待企业成长，认为企业成长是一个以企业家出现及其创新为源泉的、类似“创造性毁灭”的动态非连续过程。Penrose（1959）认为，企业成长是一个不断挖掘未利用资源的无限动态变化的经营管理过程，他将企业成长定义为规模扩张与获取资源能力增强。Chandler（1962）将企业成长定义为企业组织能力的增强与市场占有范围的扩大。Nelson 和 Winter（1982）认为，企业成长类似于生物进化过程，强调企业成长是在利润最大化目标条件下，由市场选择导致的被动优化。

（二）国内学者对企业成长的定义

国内学者对企业成长也存在认识上的分歧。

一种观点从“量变”和“质变”的统一角度定义企业成长，如吴清津和陈涛（2000）认为，企业成长既外在地表现为盈利增长、要素增加和企业规模扩大等“量”的增长，又内在地表现为企业内部框架构成如组织结构、经营结构、技术结构和空间结构的不断发展以及改革和创新等“质”的变化，其中“质”的变化是“量”增长的基础，因此企业成长通过优化企业内部资源配置而实现。陈琦（2009）提出，企业成长是“量的增长”和“质的提高”有机结合的动态过程，核心是增强生命力、提高生存发展的能力、主动适应外界环境变化。曹兴（2010）提出，企业成长是量变与质变的统一，“量变”指企业在效益一定的情况下，企业规模扩大，“质变”指企业在规模一定的情况下，企业效益提高。

另一种观点从能力提高、价值增长或规模扩张的角度定义企业成长，如薛伟贤等（2006）指出，企业成长就是企业产品和组织规模从小到大、企业核心竞争力由弱到强不断强化提升的过程。吴永林（2009）提出，企业成长是技术水平不断提高、财务增长与创新能力不断增强、组织产品质量与工艺不断改进与提高、与内外环境协调的一种战略增长过程。吴世农等（1999）认为，企业成长是多方面的综合体现，从财务指标上看，主要体现为存在超额收益和净利润的上升。周建军（2002）认为，企业成长是企业有效利用各种内外资源达成企业价值不断增长、规模由小变大、管理水平提高的整体持续发展和扩张的过程。贾生华等（2003）把企业成长定义为企业在较长时间里持续、稳定地由小变大、由弱变强的态势。王琦（2003）认为，企业成长是企业拥有的发展空间、竞争优势、资产和盈利的不断持续增长。郭蕊（2005）从企业价值的角度定义企业成长，认为企业成长表现为业绩的提高、规模的扩大、资产总量的增加和资产盈利能力的提高，最终导致企业价值的持续增长。

（三）本研究对企业成长的定义

不难看出，国内外对企业成长的定义存在多种不同理解，主要原因是企业成长影响因素的复杂性、成长模式的多样性以及与企业相关的主体的利益诉求不同。从影响因素方面看，制约企业成长的内外环境因素复杂多变是企业成长定义难以统一的根本原因，比如不同的宏观周期阶段或同一时期的不同行业，成长速度会有快有慢，绝对度量方式和相对度量方式会导致成长结果的差异。从成长模式方面看，企业根据自身战略会选择不同的成长模式，采用市场占有率、客户价值体验、成本优势和保持核心竞争力等不同策略会导致经营结果不同，但共同目标都是企业发展。从企业利益主体方面看，企业利益主体包括企业所有者、管理者、债权人及政府（代表社会），各利益主体之间既相互博弈又相互合作，所有者强调企业市场价值提升和对企业的控制权，经营管理者看重作为代理人的地位，债权人则希望债务安全与回报，政府则从社会整体角度出发主张税收和就业增长。目的不同会导致对企业成长理解的侧重点不同。

尽管企业成长的定义难以统一，但为了研究结果的可比性及普适性，对成长的定义仍需遵循两个基本原则：一是力求简明、避免复杂，这也是为了保证度量结果的可操作性和客观性；二是把握企业成长的本质，尽管企业成长的影响因素复杂、模式多样、利益主体诉求各有不同，但企业成长的核心一定可以体现在某一共同的结果上。

从上述原则出发，本书对企业成长作出如下解释：企业成长是企业根据内外环境变化，通过内部资源配置达到规模扩张的结果。这一解释强调了企业成长表现为规模上的扩张，引起规模扩张的根本原因是内部质的因素改变（资源及配置），而质的改变则代表能力提升或由弱到强的转变。从这一定义理解，规模的简单扩张（如兼并本身导致的规模扩大）并非真正意义上的企业成长。

（四）企业成长与成长性、发展、绩效、企业价值

值得注意的是，在关于企业成长问题的研究中，有几个与企业成长相近的概念容易混淆，需要区分开来。

一是企业成长与成长性的区别，成长体现的是过去已实现的结果，是一种客观事实，成长性既可以是预期未来可能的结果，也可以指已实现的结果。

二是企业成长与发展的区别，发展比成长包含范围更广、更宏观，甚至包含成长，或者说成长是发展的内容之一。

三是企业成长与绩效，绩效强调速度、密度、强度和平均的变化，成长本质上强调规模增长，成长本身是绩效的一种体现，绩效未必能体现成长，比如人均产出增加表明绩效提高，但不意味着企业规模一定扩大或企业成长。

四是企业成长与企业价值，成长是客观事实，是会计核算的结果，企业价值则是市场根据企业现有状况、结合未来发展预期估算的结果，价值包含了未知因素，可能高于或低于核算结果。

三、债务杠杆

（一）债务杠杆（Debt Leverage）

经济中“杠杆”或“杠杆率”有宏观和微观之分，通常用于衡量负债的程度，本书对债务杠杆的讨论针对微观企业层面。

负债经营是现代企业实现经营目标的重要特征，企业通过负债融资实现以较小的自有资本撬动并控制较大的资产规模，以获得更高的产出与投资回报，达到杠杆效果。“债务杠杆”即表示企业负债与资产之比（或负债与权益资本之比），也称“负债率”，反映企业的负债程度。债务杠杆越低，杠杆效应越不明显；杠杆率越高，则杠杆效应越明显。但债务杠杆越高代表偿还债务的保障程度越低，破产风险及后续融资成本会加大。此外，债务融资会产生债权代理关系，牵涉资本盈余分配以及公司治理等一系列问题，因此，无论对企业所有者、经营者还是债权人而言，均存在适度债务杠杆的权衡与选择问题。

依据债务的类型及资产类型的不同，有不同的债务杠杆度量方式，通常使用负债与资产之比表示，债务杠杆即资产负债率，此外，也可使用债务资本与权益资本之比表示。由于资产加负债等于所有者权益，因此，两种表示方法完全一致。资产负债率或债务权益资本比越高，意味着杠杆率越高。

（二）债务杠杆与财务杠杆

对企业资金杠杆的研究中，还经常出现“财务杠杆”这一概念，财务杠杆又叫筹资杠杆或融资杠杆，是指由于债务的存在而导致普通股每股利润变动大于息税前利润变动的杠杆效应。对企业而言，无论企业营业利润多少，债务利息和优先股的股利都是固定不变的，当息税前利润增大时，每一元盈余所负担的固定财务费用就会相对减少，这能给普通股股东带来更多的盈余。财务杠杆这一概念强调的是对负债的利用以及通过负债经营而引起的结果，企业所有者对其较为关注，通常使用财务杠杆系数（DFL）度量，财务杠杆系数等于普通股每股收益变动率与息税前利润变动率之比。如果负债经营使得企业每股利润上升，便称为正财务杠杆；反之，如果使得企业每股利润下降，通常称为负财务杠杆。

通过比较可以发现，债务杠杆与财务杠杆两个概念完全不同，债务杠杆为企业的所有利益关联方所关注，而财务杠杆则较多地为股东所关注。此外，债务杠杆是对企业债务偿还保障的客观度量，与利用效益及结果无关，而财务杠杆则直接反映了债务的利用状况及结果。

（三）总债务杠杆与流动债务杠杆

由于债务偿还是以资产作为保障，对企业负债的研究除了考察杠杆适度性外，通常还应考虑债务期限类型与资产类型的匹配程度。负债分为短期负债（又称流动负债）和长期负债，短期负债需要短期内偿还，具有紧迫性，对企业日常经营有较大影响，通常以流动资产作为保障；长期负债可以使用所有资产作为保障，因距离到期时间较长，不会对企业短期经营产生影响，企业有更多的手段和时间缓解偿还压力。

总债务杠杆是反映企业整体杠杆程度的指标，通常用总负债与总资产之比即资产负债率表示。流动债务杠杆是反映日常经营活动的举债程度的指标，用流动负债与流动资产之比表示，可称为流动资产负债率，数量关系上等于流动比的倒数。由于短期资金拆借频繁，流动债务杠杆具有短期特征。资产负债率和流动资产负债率越高，表明债务杠杆越高。

四、债务期限配置

（一）债务的融资来源类型

企业债务融资主要包括银行信贷、企业债券、商业信用和租赁融资四种方式。各种债权融资方式在克服代理成本方面均存在各自的优势与不足。多样化的债务结构有助于债权资金搭配使用、相互补充，最大限度地降低代理成本。

银行信贷是企业最主要的一种债务资金来源，在大多数情况下，银行也是债权人参与公司治理的主要代表，有能力对企业进行干涉和对债权资产进行保护。但银行信贷在控制代理成本方面同样存在流动性低、不能及时对企业实际价值的变动做出反应以及面临较大的道德风险等缺陷。

企业债券在约束债务代理成本方面具有银行信贷不可替代的重要作用。首先，企业债券通常存在一个广泛交易的市场，投资者可以随时予以出售转让，债权人对权利的保护不必再通过积极地参与治理或监督实现，从而分散了债权人与股东之间的冲突，债权的代理成本相应降低。其次，在债券交易市场中，债券价格能对债券价值及企业价值的变化做出及时反应，债券对债权融资代理成本的约束通过债券市场价格信号得以实现，这比银行信贷的监控成本要低得多，并且具有较高的准确性和及时性。与银行信贷相比，债券融资的不足之处是债权人比较分散，集体行动的成本较高，因而不利于债券投资者约束债权的代理者。

商业信用是期限较短的一类负债，而且一般与特定的交易行为相联系，风险在事前基本上就能被“锁定”，所以它的代理成本较低。但是，由于商业信用比较分散，单笔交易的额度一般较小，债权人对企业的影响很弱，大多处于消极被动的地位，即使企业出现滥用商业信用资金的行为，债权人也很难干涉。

租赁融资作为一种债务融资方式，最大的特点是不会产生资产替代问题，因为租赁品的选择必须经过债权人（租赁公司）审查，并且是由债权人实施具体的购买行为，再交付到企业手中。而且在债务清偿之前，债权人始终拥有租赁品在法律上的所有权，对企业可能的资产转移或隐匿行为都能产生较强的约束。因此，租赁融资的代理成本比其他方式的债权融资显然要低得多。

（二）债务的期限类型

按债务偿还履约时间分，企业债务分为短期债务和长期债务，一般说来，偿还期一年以上的债务为长期债务，一年及一年以下的为短期债务。

短期债务又称流动负债，由于到期时间短，具有偿还的紧迫性，通常需要相应的流动资产作为偿还保证。按照清偿手段不同，流动负债分为货币性流动负债和非货币性流动负债。货币性流动负债指需要以货币资金清偿的流动负债，通常包括短期借款、应付票据、应交税费以及非货币性职工薪酬以外的应付职工薪酬等；非货币性流动负债是指不需要以货币资金清偿的流动负债，通常包括预收账款以及其他应付款中不需要以货币资金清偿的债务。按照债务形成方式的不同，流动负债又可分为筹资活动形成的流动负债、经营活动形成的流动负债和收益分配活动形成的流动负债三类。筹资活动形成的流动负债是指企业向金融机构和其他债权人借入资金形成的流动负债，如短期借款及应付利息等；经营活动形成的流动负债是指企业在日常生产经营活动中形成的流动负债，如应付账款、应付票据、预收账款、应交税费、应付职工薪酬等；收益分配活动形成的流动负债是指企业在对净利润进行分配过程中形成的流动负债，如应付股利等。

长期债务是指偿还期在一年或一个营业周期以上的债务，主要有长期借款、应付债券、长期应付款等。与流动负债相比，长期债务具有数额较大、偿还期限较长等特点，因此，债权人为保护自身经济利益，通常会对举债方融入长期负债设置一定的附加条件。根据筹集方式不同，长期负债可分为长期借款、公司债券、住房基金和长期应付款等；按偿还方式不同，长期负债可分为定期偿还的长期负债和分期偿还的长期负债；按债务是否有抵押，长期负债分为抵押长期负债和没有抵押品的长期负债（即信用借款）。

（三）债务期限结构

债务融入时通常会规定履约的到期时间，从融入到履约的时间间隔长度即债务期限。由于债务属于存量指标，在不同时点会呈现不同的状态，企业债务规模及结构会发生动态变化。判断报告期末企业长短期债务存量并不以融入时债务的类型为依据，而是以报告期末该笔债务距离到期时间是否超过一年作为判断标准。因此，报告时点企业所有债务存量中距离到期时间不足一年的债务总量为短期债务存量或流动负债，超过一年的债务总量则为长期债务存量或长期债务。

企业的债务期限结构（Debt Maturity Structure）是反映企业债务总量中长短期债务比例的结构指标，度量方法有多种，可以用债务总量中长期债务或短期债务占比表示，也可用长期债务与短期债务之比（或短期债务与长期债务之比）表示。

由于长期债务中既有1~3年内到期的债务，也有5年甚至更长时间到期的债务，短期负债也同样如此，因此，直接将债务划分为短期或长期债务并不能完全描述企业负债的结构性问题，实践中也有计算债务平均期限表示期限结构，报告期末企业债务平均期限等于期末每笔债务剩余到期时间的加权算术平均表示，其中权数为每笔债务的规模。尽管债务融入时通常会有固定的偿还期限，但长短期债务是以到期时间作为划分标准，因此，债务平均期限会随着时间的推移随时发生变化。此外，由于很难获得每笔债务的期限数据，因此，难以计算平均债务期限。本书的实证分析部分采用流动负债占总负债的比率和长期负债与流动负债之比两种方式表示债务期限结构，两者可以相互换算，流动负债占比越小或长期负债与流动负债之比越大，通常代表债务期限越长。

第二节　企业成长理论

企业内部要素如资金、人力、技术等各种资源及组合决定了企业生产的边界，同时由于企业外部环境的复杂多变，企业成长受行业周期、宏观景气周期、政策等众多决定市场需求因素的制约，因此，企业成长是内外多种因素综合作用的结果，这直接决定了企业成长问题的复杂性，由此产生了各种企业成长理论，按照企业成长的动力与影响因素划分，可以将其大致分为企业外生成长理论、企业内生成长理论和其他企业成长理论三种类型。

企业外生成长理论强调影响企业成长的因素和驱动力来自于企业外部，企业只能去适应但无法控制这些因素，企业处于被动的局面；企业内生成长理论则强调影响企业成长的因素来自于企业内部，企业各种资源和能力是企业成长的关键；其他企业成长理论包括不能简单归为以上两类的企业成长理论，其特点是既不强调内因也不强调外因是企业成长的驱动力，而是从其他视角寻找企业成长的决定因素。

一、企业外生成长理论

企业外生成长理论主张企业的规模和边界主要由外部因素决定，强调技术、市场对企业成长的影响，其代表理论主要包括新古典经济学的企业成长理论和新制度经济学的企业成长理论。

（一）新古典经济学的企业成长理论

新古典经济学认为企业成长的动力源自对规模经济的追求，其影响因素均来自外部力量。新古典经济学排除了企业之间实际存在的各种差别，用“代表性企业”概念将企业内部的复杂安排抽象掉，将企业看成系统中的一个生产函数，企业成长是在利润最大化目标既定、约束条件清楚的条件下追求效益最优化的被动选择，企业没有任何主动性选择的余地（Nelson & Winter，1982）。

在新古典理论中，企业成长的基本因素均假定是外生的，当企业面临的成本或需求曲线变动时，企业会改变规模。成本变化的原因通常来自外部技术变革或要素价格变化，需求变化则是由于收入变化或偏好变化所致。在长期均衡条件下，企业成长与利润之间不存在关联，只是在短期会出现资源由利润率低的企业（或产业）向利润率高的企业（或产业）转移，此时企业成长与利润之间存在正向关系。如果在新古典企业成长理论中引入时间因素，则能够建立一种动态均衡模型，这时企业解决的是跨期约束最大化问题，企业目标相应地是实现未来利润的最大化，此时，即使目前企业处于最优规模，如果未来预期的“最优”规模更大，企业也会扩大产量规模，出现企业成长。

（二）新制度经济学的企业成长理论

新制度经济学起源于对企业性质的研究，其核心是交易费用理论，代表人为科斯。该学派侧重于探讨企业与市场的关系，将企业看作是市场政策影响下的一个契约集合，试图把握企业的性质以及企业的边界。企业的边界可以分为纵向边界、横向边界、多样化经营边界，新制度经济学的企业成长理论主要分析纵向边界的扩展。企业成长就是企业边界扩大的过程，分析企业成长因素也就是探讨决定企业边界的因素。

新制度经济学对企业成长理论的构建与交易费用有关，认为企业成长的动因在于节约市场交易费用。依据科斯（Coase，1937）和威廉姆森（Williamson，1985）的观点，企业存在的理由是由于市场交易费用大于企业内部交易费用，因此，企业成长可以看作是节约市场交易费用的结果。此外，企业倾向于扩张直到企业内部交易成本等于外部市场交易成本为止。格鲁斯曼和哈特（Grossman & Hart，

1986）认为，“只有当纵向一体化节约的市场交易费用大于因合并产生的费用时，纵向一体化才可能产生”。

科斯认为，由于市场交易存在与签约、监督履约和追索违约等相关的交易费用，这种情况下通过形成一个组织，并允许由企业家权威来支配资源，就可以节约上述利用市场机制的交易费用。因此，企业组织是市场机制的替代物，市场交易费用与组织协调管理费用达到均衡时的水平确定了组织的边界。节约市场交易费用是企业成长的动力。一般而言，市场交易费用与市场的发达程度呈反向关系，即市场发达程度越高，交易费用越低，反之亦然。按科斯的理论预测，市场发达程度越高，企业成长的动力越低。这与现实明显不符，因为现实中通常是市场发达程度与企业成长呈正相关关系。为此，杨小凯和黄有光（1993）认为，应该考虑经济主体的交易效率因素，即市场发达程度提高，一方面增加了交易费用（相对），另一方面也提高了交易效率，并且后一方面更为重要，只要交易效率提高的利益大于交易费用，就可以同时实现市场的发达与企业的成长。

威廉姆森（Williamson，1985）从资产专用型、不确定性和交易效率三个维度定义了交易费用，在此基础上分析了企业边界确定的原则，还从企业核心技术角度提出企业“有效边界”的概念。将企业看作一种具有连续生产过程的纵向一体化实体，这个连续生产过程的不同阶段之间如果通过市场交易关系相联系，就需要签订一系列的合约。为了解决由于信息的不完全和不对称可能带来的机会主义行为这个问题，企业会通过前向或后向的一体化，把原来属于市场交易的某些环节纳入企业内部，这种情况下的企业成长就表现为企业纵向边界的扩展。

新制度经济学强调外部市场环境变化对企业成长的影响，当交易条件变化以后，作为契约集合的企业边界或企业规模也会改变，因此，新制度经济学理论对企业成长的研究不是内生的。此外，新制度经济学的企业成长理论的局限性是过度强调企业的交易性，而对企业的生产功能没有太多关注。

（三）基于竞争战略的企业成长理论

新古典经济学关于企业成长的一个基本前提是“完全竞争市场”假设，而现实并非完全如此，Bain 和 Mason（1938）修正了新古典经济学的“完全竞争市场”假设，在不完全市场竞争假设下运用“结构—行为—绩效”（SCP）分析模型，重新分析了产业市场中不同企业的绩效问题。继承这一思路，Potter（1985）在 SCP 模型基础上提出了市场定位模型，从企业外部的市场结构角度对企业间不同的经营绩效进行了研究。Potter 认为，企业所处的产业市场结构对企业的竞争优势以及企业成长起到主要作用，企业应该在对竞争者、购买者、供应者、替代者和潜在竞争者五种市场力量进行分析的基础上确定竞争战略，通过分析市场的机会与威胁、企业的优势与劣势（SWOT 分析），调整企业发展战略，取得总成本领先或差异化等方面的竞争优势，从而实现企业的进一步成长。在外部宏观环境分析方面，借助 Johnson 和 Scholes（1999）提出的 PEST 分析方法，即评价政治（Political）、经济（Economic）、社会（Social）和科技（Technological）等因素对企业战略目标和战略制定的影响，可以更好地使竞争战略符合现实。

竞争战略成长理论的基本逻辑是遵循“宏观环境及产业市场分析→市场机会→战略选择→市场竞争→竞争优势→企业成长”这一思路。以 Potter 的竞争战略理论为代表的企业竞争战略成长理论为企业成长提供了一种基于产业结构规范分析方法，但这一理论在实践中的最大局限在于，Potter 将“战略”的核心内容视为业务范围选择，但面对迅速变化的市场环境，“怎么干”比“干什么”更加重要，商业模式和业态创新成为现代企业战略的核心。好的商业模式和业态将影响甚至改变行业游戏规则，帮助企业占据价值链高端环节，这已被市场上许多成功的企业案例所证明。

二、企业内生成长理论

企业内生成长理论是研究内生因素对组织延伸扩展的影响，认为组织边界和范围的扩张是由其内部因素包括资源、能力、知识等决定。这一理论的研究方法和结论也与唯物辩证法中内因起决定作用的理论方法相一致，因而对企业成长和发展的分析更有说服力。内生成长理论方面的研究已经形成了较为丰硕的成果，其中影响较大的主要有资源基础论和动态能力论两种。

（一）资源基础论

爱迪斯·彭罗斯（Edith Penrose）是资源基础论（VBA）的奠基人之一。彭罗斯认为，企业是独特资源的集合体，知识和管理能力在企业成长中起到核心作用，这一思想是资源基础论的起源。

资源基础论由 Wernerfelt 于 1984 年首先提出，该理论认为企业是各种不同有形和无形资源的集合体，企业对各种资源运用、转换与整合的能力构成了企业的竞争能力。显然，资源是企业竞争力的基础，资源只有在符合有价值、稀缺、无法复制且难以替代的属性时，才能转变成具有独特能力的核心竞争力，企业因而获得持续增长。由于各种原因，企业拥有的资源各不相同，具有异质性，这种异质性决定了企业竞争力的差异。资源基础理论的主要内容可用图 2-1 表示。

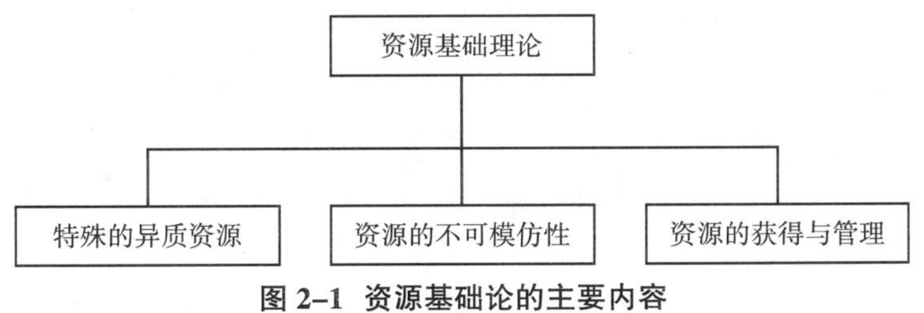

图 2-1 资源基础论的主要内容

1. 企业竞争优势的来源：特殊的异质资源

资源基础理论认为，企业在资源方面的差异是企业获利能力不同的重要原因，也是拥有优势资源的企业能够获取经济租金的原因。作为竞争优势源泉的资源应当具备有价值、稀缺、不能完全被仿制、其他资源无法替代、以低于价值的价格为企业所取得五个方面的条件。真正作为企业优势源泉的是有价值、不能完全被仿制和能够自我发展。

2. 竞争优势的持续性：资源的不可模仿性

企业竞争优势根源于企业的特殊资源，这种特殊资源能够给企业带来经济租金。在经济利益的驱动下，没有获得经济租金的企业肯定会模仿优势企业，其结果是企业趋同、租金消散。因此，企业竞争优势及经济租金的存在说明优势企业的特殊资源肯定能被其他企业模仿，资源模仿的难度越大，竞争优势越长久。

3. 特殊资源的获得与管理

企业可从以下方面着手取得和发展企业独特的优势资源：

第一，组织学习。资源基础理论者几乎毫不例外地把企业特殊的资源指向了企业的知识和能力，而获取知识和能力的基本途径是学习。通过有组织的学习不仅可以提高个人的知识和能力，而且可以促进个人知识和能力向组织的知识和能力转化，使知识和能力聚焦，产生更大的合力。

第二，知识管理。知识只有被特定工作岗位上的人掌握才能发挥相应的作用，企业的知识最终只有通过员工的活动才能体现出来。企业在经营活动中需要不断地从外界吸收知识，需要不断地对员工创造的知识进行加工整理，需要将特定的知识传递给特定工作岗位的人，企业处置知识的效率和速度才能影响企业的竞争优势。因此，企业对知识微观活动过程进行管理，有助于企业获取特殊的资源，增强竞争优势。

第三，建立外部网络。对于弱势企业来说，仅仅依靠自己的力量发展他们需要的全部知识和能力是一件花费大、效果差的事情，通过建立战略联盟、知识联盟来学习优势企业的知识和技能要便捷得多。来自不同公司的员工在一起工作、学习还可激发员工的创造力，促进知识的创造和能力的培养。

4. 资源基础理论对企业高成长的启示

企业资源包括有形资源和无形资源。有形资源如土地、厂房、机器、资金、有价证券等；无形资源如声誉、知识产权、执照、资料库等，有形资源对企业竞争力的影响较小，无形资源根植于企业的历史、由企业长期积累形成，对企业竞争力的影响较大。因而在企业成长过程中，无形资源的作用相对更大。由于企业成长依赖于自身拥有的资源要素，因而在其成长起步阶段需要构筑足够的资源基础和能力，以确保获得持续快速增长。资源基础理论为企业孵化器模型的产生奠定了基础，基于这一理论，初创企业受到更多关注与支持。

（二）动态能力论

动态能力论最先由 Teece 提出，Teece 将动态能力定义为公司整合、构建、重新配置内部和外部资源以应对快速变化环境的能力。动态能力的核心是：企业成长和成功是因为它们有能力“感”“抓”，并利用增长机会，而不是因为它们拥有的有形资源。有强大动态能力的企业特征包括各方面，这种能力与资源基础论的资源和能力显著不同。

1. 动态能力的特征

第一，动态能力具有开拓性。动态能力理论源自资源基础论，且吸收了核心能力理论的许多观点，因而在特征上与核心能力有相似之处。但动态能力是改变企业能力的能力，并在创新上具有开拓性动力。创新的动力可能是再生性的或开拓性的，因为具有强烈路径依赖的经验性为基础的动力并不能改变能力中的惯性。企业动态能力不仅关注企业特有的组织惯例，其焦点更是放在克服能力惯性的创新和开拓性能力上。在动态环境中，动态能力崇尚建立开拓性学习能力。开拓性学习能力是为了在长期内向企业提供新的战略观念而进行的侧重于变革的学习。因此，企业为了获得持续竞争优势，需要的是能够进行创造性毁灭的能力。

第二，动态能力具有开放性。建立在开拓性动力之上的动态能力呈现出开放性的特征。动态能力是企业整合了内部知识与吸收性知识的产物。因为吸收性知识在企业内部和外部资源与能力之间起到了桥梁作用，所以动态能力理论强调建立从外部途径吸纳知识的特殊能力。这与强调企业能力内部化积累的资源基础论和核心能力论有很大的不同。动态能力由于其开放性而显现出灵活性，从而减少了能力中的刚性不足。

第三，动态能力具有复杂性和难以复制性。动态环境下的动态能力具有复杂性，因为动态能力建立在企业流程基础上，而其流程具有复杂性。同时，企业流程的紧密联系性导致组织能力系统在不同层次都表现出一致性，如果改变企业内某些流程，就必然会引起其他部分流程的相应改变，在这种情况下，动态能力的复制就变得非常困难。

2. 企业获取动态能力的原理

动态能力的获得意味着企业拥有新的有关资源使用的知识、新的组合资源的方式，也就是说，企业可以激发潜藏于企业原有资源中的服务，企业可以获得外部企业拥有的资源服务，企业将获得新的资源协调整合配置的方式。图 2–2 可以较好地解释企业获取动态能力的基本框架原理。

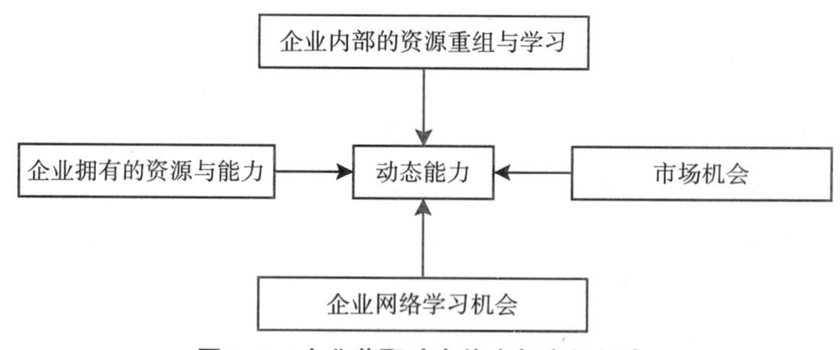

图 2–2　企业获取动态能力与市场机会

图 2-2 显示，企业在成长中开始形成或拥有一系列的资源与能力，而这些资源与能力（如组织资本与技术能力）是在特定的市场机会开发中形成的。在市场变化的情况下，它们的价值是有限的，因此，企业需要对这些资源和能力进行更新，以形成新的动态能力，只有这样才能开发利用新的市场机会，推动企业成长。动态能力的获得可以从企业的内部与外部两个方面去思考。在内部，可以实行资源重组与学习；在外部，可以通过企业网络学习、整合资源来获得新的资源和能力。

3. 动态能力形成的影响因素

企业动态能力存在于企业的组织和管理过程中，其形成是由企业的资产地位和发展路径决定的。Teece 等（1997）认为，企业内外部能力包括组织技能、资源和能力，动态能力置于其管理和组织过程之中，并且构建了动态能力的过程、位置和路径分析框架。

动态能力的形成主要是由组织设计和人力资源管理两个因素决定的。这是因为：一方面，企业通过组织设计，建立有中层经理领导的组织，可以促进形成企业业务多样化的动态能力；另一方面，可以通过加强人力资源管理来促进动态能力的形成。人力资源管理可以从以下几方面着手：选人要重视知识的宽度和深度；职位描述概念要详细具体；以培训来扩展员工现有知识的宽度和深度；激励成功、宽容失败。

知识形成的动态过程也是动态能力的演变过程。为了回答成功企业是如何发展出优越的资源和知识，而企业又如何建构动态能力长期保持这种优越性的问题，可以把产品作为能力观的框架中的一个变量，其产品发展由企业的知识系统和学习系统支撑，并增强企业的知识和学习能力。同时，从企业知识对动态能力的作用角度看，企业改变能力的过程就是企业追寻新知识的过程。

4. 动态能力对企业成长的启示

研究表明，企业快速成长现已被确认较少与资源积累有关，更多是与企业的战略反应、资源利用、机会捕捉等动态能力有关（Brown & Mawson，2013），动态能力理论的产生正是基于这一背景。企业无论处于生命周期的哪一阶段，都存在快速成长的机会，对这种机会的把握取决于企业能否在变化的市场中及时调整战略并很好地实施，而机会的把握能力则与企业的动态能力相关。因此，在面对市场机会时，如何通过整合资源、构建学习型组织而抓住机会，是形成企业动态能力的关键。

三、其他企业成长理论

（一）企业成长的生命周期理论

生命周期理论将企业成长和发展类比于生物体生命周期演变的自然过程，根据不同阶段的特点寻找企业成长和发展的模式。企业生命周期理论最早由 Mason 于 1959 年提出，经 Steinmetz、Churchill 和Lewis 等的发展与完善，在 20 世纪 80 年代末达到顶峰。

1. 企业生命周期的基本原理

企业成长的生命周期理论认为，企业的发展与成长类似其他有机个体，会经历从出生、成长、成熟到衰老、死亡这一演进过程。企业生命周期理论的研究目的着眼于根据企业不同阶段的特点，找到一种与其相适应的、能不断促进企业发展延续的特定组织结构形式，从而依靠内部管理进行调整，找到一种相对较优的模式来保持企业的发展，在每个生命周期阶段内充分发挥特色优势，进而延长企业的生命周期，帮助企业实现自身的可持续发展。

在这里，生命周期主要有产品（或行业）生命周期和需求生命周期两种。根据产品（或行业）生命周期可以判断产品（或行业）处于成长、成熟、衰退等阶段中的哪一种状态，每一阶段中的竞争状况不同，通过制定恰当的战略加以适应。显然，产品（或行业）生命周期假定企业会遵循一种既定的生命周期模式，这一模式可能导致可预测的而非有创意的、革新性的战略。与之相比，需求生命周期更具有建设性，该理论假定，顾客有某种特定的需求希望能够得到满足，不同时期、不同环境下，消费者偏好会发生改变，企业与其为了保卫特定的产品，倒不如确保能够继续满足顾客需求。前者从产品供给角度思考企业发展，后者从需求出发解决企业发展问题。

生命周期理论认为，虽然不同企业的寿命有长有短，但各个企业在生命周期的不同阶段所表现出来的特征却具有某些共性。了解这些共性，便于企业了解自己所处的生命周期阶段，从而修正自己的状态，尽可能地延长自己的寿命。企业生命周期波动的原因包括外因和内因，外因决定理论隐含的前提假设是企业生命周期应该是稳定的，只有在受到外力冲击时才会发生波动。内因决定理论认为，企业的劳动生产率会极大地影响企业经营周期，而经营周期的变化方向基本上与企业生命周期的变化方向是一致的。所不同的是，企业经营周期反映的是企业的经济行为在扩张与收缩、繁荣与萧条之间的循环或替代选择，当循环圈越大或繁荣期越长时，企业生命周期也就越长。

2. 爱迪思的企业生命周期理论

由于在对企业生命周期阶段的划分方面存在不同主张，生命周期理论又存在几种分支。其中公认伊查克·爱迪思（Ichak Adizes）是企业生命周期理论的创立者。在《企业生命周期》中，爱迪思将企业生命周期分为十个阶段（见图 2-3），即孕育期、婴儿期、学步期、青春期、壮年期（盛年期前期）、稳定期（盛年期后期）、贵族期、官僚初期、官僚期、死亡期，其中前五个阶段属于创业期，后五个阶段属于成熟期与衰退期。爱迪思准确生动地概括了企业生命周期不同阶段的特征，揭示了企业生命周期的基本规律，并提出了相应的对策。

比如，处于青春期之前的企业，多数会因为无法逾越成长中的许多陷阱而夭折，能够生存下去的企业面临的最大问题是“第二次

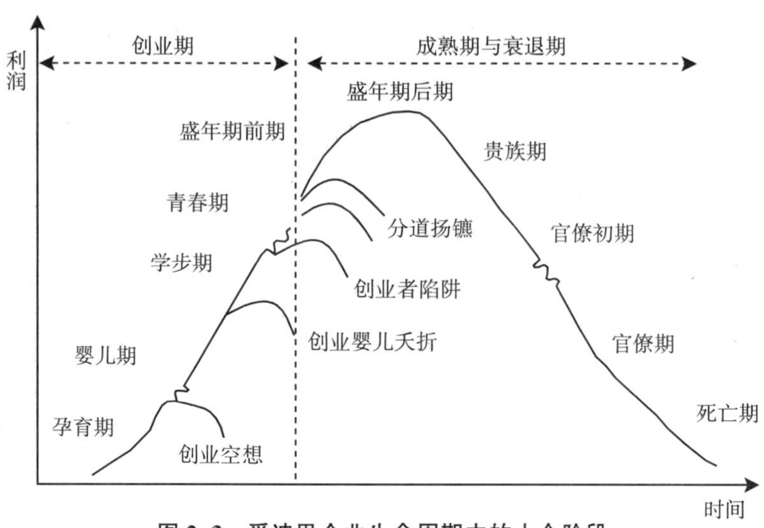

图 2–3　爱迪思企业生命周期中的十个阶段

或第三次创业"的陷阱；处在学步期或青春期的企业，需要从创业型转为管理型，进行较大的跳跃；进入青春期的企业，会遇到增长瓶颈，似乎冥冥中受到一种力量制约和摆布，难以脱离瓶颈，实际上是企业长期停滞在粗放经营和管理上，落后的管理和机制制约了企业的发展；处于壮年期是企业生命周期曲线中最为理想的点，在此阶段，企业有较好的自控力和灵活性，知道自己在做什么、该做什么，以及如何才能达到目的；壮年期并非生命周期的顶点，企业应该通过正确的决策和不断的创新变革保持持续增长，但如果失去再创业的劲头，就会丧失活性，停止增长，走向官僚化和衰退。

3. 企业生命周期理论的不足

企业生命周期理论将企业看成一个生物体，而不仅仅是一个组织，从把握全过程到注重阶段特征，据此提出动态管理的思想，为企业战略管理提供了一种新的视角。生命周期理论的不足之处是仅强调企业与生物体的相似性，却忽视了与生物体的本质差异，难以解释企业可持续发展和跳跃式发展。

企业生命周期理论在 20 世纪 90 年代开始受到挑战，越来越多的实证证据表明，企业成长并非稳定的线性过程，而是不稳定和不连续的（Garnsey et al.，2006；Storey，2011；Brown & Mawson，2013），许多企业在缓慢增长的过程中会突然出现一种跳跃式的快速增长和扩张，这种快速增长的“引爆点”为企业提供了改变成长轨迹的机会。快速增长有可能发生在所有企业，与企业年龄、所属部门和规模无关（Brown et al.，2014；Coad et al.，2014）。鉴于企业成长的动态性和不连续性，在企业成长的生命周期理论之后，为企业孵化器模型奠定基础的资源基础理论更好地阐释了企业成长的内部制约因素。

（二）战略创业论

战略创业是创业和战略管理相结合的产物，创业活动和战略行为的互补有利于企业实现财富最大化。战略研究与创业研究的结合，有利于更好地分析企业如何识别开发创业机会，建立和保持竞争优势，以及如何动态运作战略创业以创造财富，从而实现企业持续快速增长。

1. 战略创业的理论基础

第一，环境的竞争性、变革性和不确定性的驱动。全球化竞争、技术创新的加速、市场信息的增长，使得任何预测长期趋势或者未来顾客的尝试都往往徒劳无功，因此企业经营者寻求一种能够适应剧烈变化的新的商业模式。环境的竞争性需要企业充分开发和利用企业当前的竞争优势，表现为战略思维的运用，变革性和不确定性要求企业发挥创业精神，能够在高风险的动态环境下把握机会。战略与创业的融合体现了动态市场中缩短创新和行动时间的要求。管理者在短时间内收集处理信息并做出决策、分配资源实施行动的能力，已经成为企业在高度竞争环境下生存发展的法宝。

第二，财富创造是企业发展的主要目标。战略管理和创业学都关注价值创造，两者的研究都将组织绩效作为最主要的因变量，Meyer（2003）基于经营风险期刊（JBV）和战略管理期刊（SMJ）

的一项内容分析结果表明，两种期刊的实证文章中主要因变量都是绩效，分别占两类杂志文章总数的46%和83%。战略管理研究强调开发利用目前的竞争优势为企业创造价值，创业研究侧重于通过识别竞争对手尚未发现的机会为企业创造财富。

第三，战略管理和创业研究在研究对象、内容、方法上，具有交叉性和互补性。两个领域的研究对象都是既有组织。大多数中小型企业在资源、企业学习能力和灵活性等方面往往更具优势，同时由于资源和能力的束缚，谋求机会成为企业生存发展的主要目标，因此成为创业研究聚焦的对象。已有研究表明，公司创业与计划灵活度、员工参与度、战略控制等战略规划行为之间存在正相关关系，所以 Nielsen 等指出不应以规模和存续年限划定研究对象，大型成熟企业同样是创业研究不可忽视的对象。创业研究所注重的“机会和创新”是战略管理聚焦的“竞争优势和绩效”的来源之一，战略研究所注重的“竞争优势和绩效”又往往是未来“机会和创新”的基础。

2. 战略创业的机制

最早在管理学权威杂志上定义战略管理与创业学研究交集的是 Ireland 和 Hitt 等，他们于 2001 年在 AME 上撰文指出整合战略管理和创业学以实现财富创造的必要性，并正式勾勒出战略创业领域的主要研究话题。此后，Hitt、Ireland 和 Sirmon 等不断发展战略创业领域的概念和理论，先后开发出能够揭示战略创业作用机制的过程模型。

第一，战略创业的四阶段机制。Sirmon、Hitt 和 Ireland（2003）将战略创业的价值创造机制概念化为包含创业活动和战略活动的四个阶段。其中，创业活动指拥有创业心智、创业文化与创业领导力。战略活动包含战略性地管理资源以及应用创造力和开发创新，并以此形成竞争优势，进而为实施战略创业理念的组织创造财富。在该模型中，揭示战略创业过程的四个阶段被具体划分为若干维度。其中，创业心智被定义为“未来成功的战略家所需的在高度不确定性条件下迅速感知、执行和调动资源的能力”，并且将创业心智细化为拥有创业警觉性、采用实物期权逻辑以及具有创业框架。与创业心智密切相关并相互作用的是创业文化和创业领导力。创业文化是指一种支持创业倾向与行为的一系列共享的价值观，这些信念能够形成企业的结构安排并带来其成员所倡导的行动规范。有效的创业文化具有多样预期的特点，能够促使企业战略性地管理资源，从而为迸发的机会寻求行为和优势。创业领导力被具体描述为培育创业能力、保护现有商业模式的创新、实现机会、挑战主导逻辑、重新审视基本假设以及连接创业学与战略管理。这些操作层面的策略和理念直接作用于企业战略性地管理资源的活动，将包括金融资本、人力资本和社会资本在内的战略性关键资源构筑为资源组合，应用创造力和创新精神，通过突破式或渐进式创新，构建竞争优势，最终完成财富创造和价值创造。图 2-4 揭示了战略创业中变量与维度之间的作用机制。

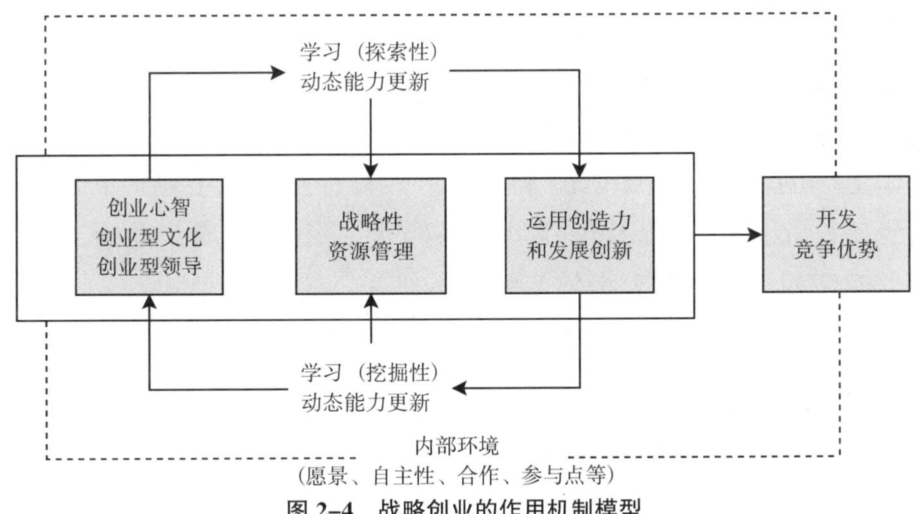

图 2-4　战略创业的作用机制模型

第二，战略创业的投入—过程—产出机制。Sirmon、Hitt 和

Ireland 等基于 2003 年的初始模型，在 2011 年开发出一个多层次的投入—过程—产出模型。该模型涵盖了环境、组织和个人层面的资源，将其纳入动态机会寻求和优势寻求行为过程中，并指出这些行为的发生能够为个人、组织和社会创造福利。这个模型包含了三个维度：资源或要素投入、资源整合过程和产出变量，被称为投入—过程—产出模型。在输入的资源要素中，环境要素包含了环境的动态性和宽松性。由于静态环境的复杂性是有限的，动态的环境通常会带来复杂性和不确定性，并因此创造大量机会。此外，由于环境宽松性也会提升企业资源获取的效率和结果，有利于战略创业活动的成功开展。组织与个体层面的资源分别对应着创业文化与创业领导力以及创业心智。而资源整合过程本质上是战略性地管理包括金融、人力和社会资本在内的关键性战略资源。通过构建、打包和利用能力，完成价值创造和匹配。

3. 战略创业论对企业成长的启示

由于市场的不确定性，对企业而言即使是恰当的战略，在执行过程中也应该为适应外部环境的动态变化而随时调整。战略创业理论强调，企业的产出依赖于创业者的行为，由他们的知识、技能和获得关键资源的能力决定，企业的超级增长绩效归因于企业动态战略选择。因此，创业者及团队的素质对企业成长而言起着至关重要的作用。创业者及其团队的素质包括教育程度、创业经历、所在行业经历、个人能力以及创业动机等方面，企业高成长是企业家素质、战略和企业素质三者恰当结合的结果。

第三节　资本结构理论

资本结构是指企业的资本中各种资本来源的构成及比例关系，

是企业一定时期筹资组合的结果。某一时点的企业资本按权属关系可分为债务资本和权益资本，从期限角度又可分为短期资本和长期资本。广义的资本结构是指企业全部资本的各种构成及其比例关系；一般所指的资本结构是指企业债务资本与权益资本的比例关系或企业全部资本中债务资本的比例，又可称为融资结构。

资本结构研究的出发点是寻找企业最佳的资本构成，使企业价值（或股东财富最大化）或企业绩效最大化。具体体现在：一是发挥财务杠杆的调节作用，使企业获得更大的自有资金收益率；二是降低融资成本，提高盈利能力；三是平衡企业的偿债和再融资能力；四是发挥资本结构在公司治理中的作用。

资本结构理论是西方财务管理理论的重要组成部分之一，其发展经历了旧资本结构理论和新资本结构理论两个阶段。旧资本结构理论是基于一系列严格假设进行企业资本结构的研究，包括早期资本结构理论、MM 理论和权衡理论等；新资本结构理论是基于非对称信息条件下分析资本结构的治理效应及对公司价值的影响，包括代理理论、控制权理论、信号理论和啄序理论等。

一、早期资本结构理论

早期资本结构理论是关于企业融资的一个早期融资理论体系，由美国著名经济学家大卫·杜兰特于 1952 年提出，分为净收益理论、净营业收益理论和传统折衷理论三种。

（一）净收益理论

净收益理论认为，由于债务资金成本低于权益资金成本，运用债务筹资可以降低企业资金的综合资金成本，债权资本的比例越大，公司的净收益或税后利润越多，综合资金成本越低，企业价值越大。其结论是当负债比率达到 100%时，企业综合资金成本最低，企业价值最大。

净收益理论的上述结论是建立在如下假设上：一是投资者对企

业的期望报酬率（亦即权益资本成本）固定不变；二是企业能以固定利率无限额融资，权益资本成本和债务资本成本均固定不变，且后者低于前者；三是随着债务增加，加权平均资本成本逐渐下降，当债务融资达到100%时，加权平均资本成本最低，如图2–5所示。

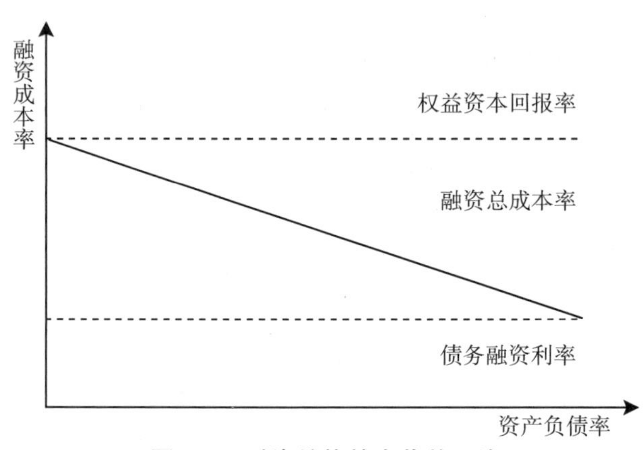

图2–5 融资结构的净收益理论

净收益理论属于早期企业价值理论中的一种极端形式。该理论之所以成立，是假设债务资本的增加和财务杠杆比率的提高不会带来融资风险，也不影响企业的信用，但现实中两个重要的假设均难以得到满足。首先，债务资本比例的增加，意味着财务风险增大，此时股东会要求增加报酬率；其次，由于债务比例增加，债权人的债券保障程度下降，风险增大，债权人会要求提高债务融资利率，导致债务资本成本增加。

（二）净营业收益理论

净营业收益理论认为，在公司的资本结构中，债务资本比例的高低与公司价值无关，决定企业价值的关键要素是企业的净营业收益，不存在最佳资本结构。按照净营业收益理论推论，企业不存在最佳资本结构，筹资决策也无关紧要，显然净营业收益理论属于早期企业价值理论中另一种极端形式。

净营业收益理论隐含着以下假设：第一，负债资本成本率小于权益资本成本率；第二，负债资本成本率不变，但随着负债资本比例增加，股东承担的风险也增大，权益资本要求的报酬率会随之上升。在以上假设下，负债比重上升对降低综合资本成本的好处恰好被上升的权益资本成本所抵消，因此，资本结构的变化不会影响企业的综合资本成本，也不会影响公司价值，公司价值的大小总是取决于公司的净营业收益。净营业收益理论的主要思想如图 2-6 所示。

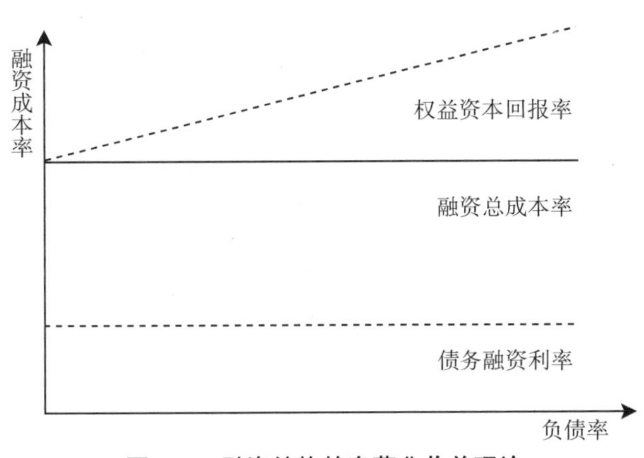

图 2-6 融资结构的净营业收益理论

（三）传统折衷理论

传统折衷理论认为，企业利用财务杠杆尽管会导致权益成本上升，但在一定程度内不会完全抵消利用债务融资所获得的好处，因此会使加权平均资本成本下降，企业价值上升。但是，债务杠杆达到一定程度，权益成本的上升就不足以被债务的低成本所抵消，加权平均资本成本便会上升。随着负债比例上升，债务成本和权益成本会同时上升，两者共同作用，使加权平均资本成本加速上升。这样加权平均资本成本线呈现 U 形结构，加权平均资本成本从下降变为上升的转折点，是加权平均资本成本的最低点，此时的负债比率就是企业的最佳资本结构。

传统折衷理论是介于净收益理论和净营业收益理论两种极端观点之间的一种折衷理论，该理论仍然假定负债资本成本率小于权益资本成本，其思想如图 2-7 所示。按照传统折衷理论的观点，增加债权资本对提高公司价值是有利的，但债权资本规模必须适度，存在一个使企业价值最大化的最优资本负债结构。

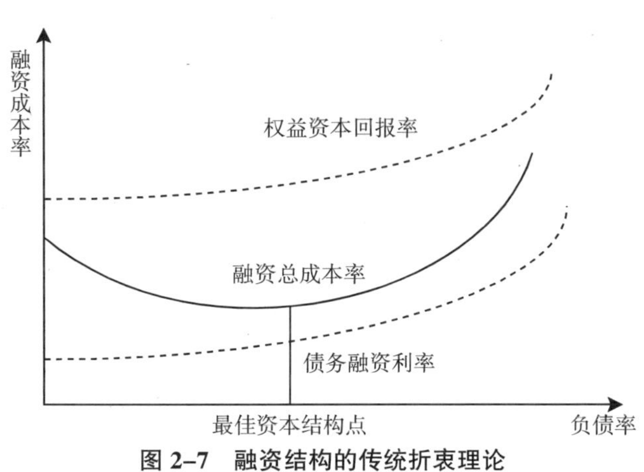

图 2-7 融资结构的传统折衷理论

二、MM 理论

MM 理论是由美国经济学家莫迪格利安尼（Modigliani）和默顿·米勒（Miller）所创立的公司资本结构与市场价值不相关模型的简称。莫迪格利安尼和米勒在 1958 年出版的《资本成本、公司财务和投资管理》一书中，提出了最初的 MM 理论，在完美市场上、没有所得税等假设下，得出的结论为公司的总价值不受资本结构影响，或者说当公司的债务比率由零增加到 100%时，企业的资本总成本及总价值不会发生任何变动，因此，不存在最佳资本结构问题。之后，又对该理论进行了修正，在考虑所得税的情况下，得出企业的资本结构影响企业总价值的结论。MM 理论为研究现代企业资本结构问题提供了一个有用的分析框架。

（一）完美市场假设下的 MM 定理（无税 MM 定理）

莫迪格利安尼和米勒对完美市场的假设包括：

第一，资本市场是完善的，所有市场主体均可以方便地获取所需要的各种市场信息。

第二，信息是充分、完备的，不存在交易费用和破产成本。

第三，投资者是理性的，以收益最大化为投资目标。

第四，公司未来预期营业收益是随机的，未来各预期营业收益的概率分布及期望值与现期相同，投资者具有一致性预期，对每一公司未来息税前收益的概率分布及期望值有相同的估计。

第五，所有债务都是无风险的，个人和机构都可按照无风险利率无限量地借入资金。

第六，不存在公司所得税。

在完美资本市场的假设条件下，莫迪格利安尼和米勒认为公司的价值不受财务杠杆作用的影响，负债公司的价值 V_L 等于无负债公司的价值 V_U，任何公司的市场价值和综合资本成本与其资本结构无关，企业的市场价值只由预期收益的现值水平决定。

（二）含公司税的 MM 定理

在存在公司所得税条件下，莫迪格利安尼和米勒于 1963 年提出了修正的 MM 理论（含公司税的 MM 定理）。当存在公司所得税时，由于负债的税盾作用，可以降低综合资本成本，增加企业的价值，负债越多，杠杆作用越明显，公司价值越大。当债务资本在资本结构中趋近 100%时，才是最佳的资本结构，此时企业价值达到最大。修正后的 MM 定理由于引入所得税更符合现实状况。

在完美市场假设下不存在税收，所以公司价值与债务无关，但在考虑公司所得税的情况下，由于公司支付的债务利息可以抵减应纳税额，债务融资就存在优势，而现金股利和留存收益则不能。这样，企业综合资本成本降低，公司的价值就与其债务正相关。用公式表示为：

$$V_L = V_U + PV \tag{2-1}$$

式中，V_L 表示负债公司的价值，V_U 表示无负债公司的价值，PV 表示利息节税收益的现金流量现值，PV 等于公司负债（B）与公司所得税率（T_C）的乘积，即：

$$PV = T_C \times B \tag{2-2}$$

（三）含个人税的 MM 定理

无税的 MM 定理和修正的 MM 定理是资本结构理论中关于债务配置比例的两个极端看法。如果考虑个人所得税，Miller（1976）认为修正的 MM 理论高估了负债的好处，实际上个人所得税在某种程度上抵消了个人从投资中所获得的利息收入，他们所交个人所得税的损失与公司追求负债、减少公司所得税的优惠大体相等，于是，米勒模型又回到最初的 MM 定理中。

如果存在个人税，公司的目标就不仅仅是公司的纳税额最小化，而是公司收入引起的所有税款最小化，即公司所得税和个人所得税之和最小化。其中，个人税包括债权人和股东个人所缴纳的税款。这里，用 T_B 和 T_S 分别表示债权人个人所得税率和股东个人所得税率，则公司价值 V_L 为：

$$V_L = V_U + B \times \left[1 - \frac{(1 - T_C) \times (1 - T_S)}{(1 - T_B)}\right] \tag{2-3}$$

式中，V_U 为无负债公司价值，B 为公司负债，T_C 为公司所得税率，T_B 和 T_S 分别为股东和债权人个人所得税率。负债公司价值即等于无负债公司价值与扣除所有税收因素之后的节税收益之和。如果无个人税，则 T_B 和 T_S 均为 0，式（2-3）还原为含公司税 MM 定理中的公司价值；进一步地，当公司税率 T_C 为 0 时，则还原为无公司税 MM 定理中的公司价值。

三、权衡理论

MM 理论的一个重大缺陷是仅考虑了负债带来的税收节约价值，忽略了负债带来的风险和额外费用。现实中随着负债的增加，财务风险和费用会不可避免地上升。其中财务危机成本和代理成本就是两种典型的风险费用。在 MM 理论的基础上引入财务危机成本（或破产成本）就是通常所说的权衡模型。

（一）权衡理论（Trade-off Theory）的基本思想

公司负债的好处主要体现在两方面：第一，债务利息支出作为成本在税前列支的抵扣（即债务税盾）；第二，负债减少企业的自由现金流量，企业会因此减少低效或非盈利项目的投资。此外，负债有利于代理人提高工作效率、减少在职消费，因而负债会降低权益代理成本。但负债同样会使企业受限，包括因负债而产生的财务困境成本和个人税对公司税的抵消。权衡理论的主要思想是，公司通过权衡负债的利弊（节税收益和财务困境成本），来决定债务融资与权益融资的比例。

随着负债率的上升，负债的边际节税利益逐渐下降，边际破产成本逐渐上升。公司为了实现价值最大化，必须权衡负债的利益与成本，当边际节税利益恰好与边际破产成本相等时，公司价值最大，此时的负债率（或负债率区间）即为公司最佳资本结构，如图2-8所示。

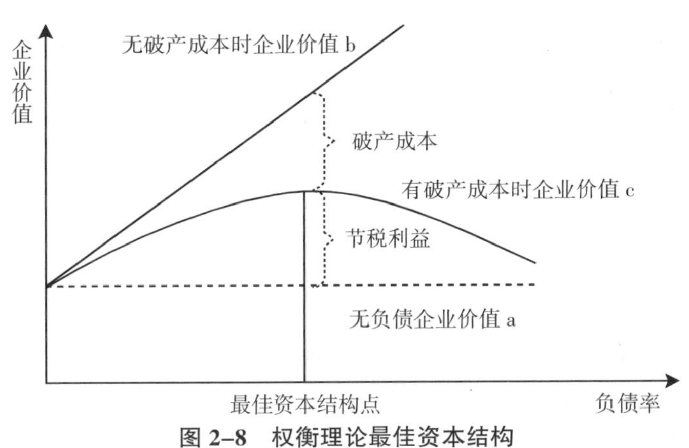

图 2-8 权衡理论最佳资本结构

权衡理论的代表人物包括 Robichek（1967）、Mayers（1974）、Kraus（1973）、Rubinmstein（1973）、Scott（1976）等。权衡理论之后又发展为后权衡理论，后权衡理论的代表人物是 Diamond

(1984)、Mayers (1984) 等，他们将负债的成本从财务困境成本进一步扩展到了代理成本和非负债税收利益损失等方面，同时，又将税收利益从原来所讨论的负债收益引申到非负债税收收益方面，实际上是扩大了成本和利益所包括的内容，将企业价值最大化下的最优资本结构看成是在税收收益和各类负债成本之间的权衡。

权衡理论产生后围绕负债利益与成本的范围进行了广泛讨论，但总体看，公司的最优资本结构涉及债务的税收优势与多种债务相关成本间的权衡这一核心思想并未改变。Frank 和 Goyal (2006) 认为，由于最优资本结构目标的不可观测性、税制结构的复杂性、破产成本的净损失特征以及不同分析中交易成本采取不同形式等原因，权衡理论应分为静态权衡理论和动态权衡理论两个部分。

(二) 静态权衡理论

自 MM 理论产生后，围绕税收与资本结构和财务危机成本与资本结构的关系，学者们进行了广泛讨论，Bradley 等 (1984) 在税收优惠和破产成本权衡模型的基础上，考虑债务的代理成本、非违约状态中非债务税盾的潜在损失、股票收入和债券收入的个人税率差异等因素，对 Miller 模型进行了扩展，在一系列假设前提下，构建了公司权益人和债务持有人在期末的税前收入模型，并提出以下推论：

(1) 负债率与财务危机成本 (包括债务的破产成本和代理成本) 负相关。

(2) 负债率与非债务税盾的水平负相关。

(3) 如果财务危机成本显著，债务比率与公司价值的易变性负相关。

Shyam-Sunder 和 Myers (1999) 进一步总结出：静态权衡理论预期了真实负债率向目标或最优负债率的复原，并预期平均负债率与资产风险、盈利能力、税收地位和资产类型存在静态相关关系。这一结论即通常所说的静态权衡理论。

（三）动态权衡理论

静态权衡理论提供了一个单一时期资本结构静态模型，但未考虑留存收益的影响，这与现实中企业是在多个时期连续运营、各财务指标具有动态变化性不完全相符；另外，静态权衡理论不包含任何目标调整的概念。为此，一些学者则利用多时期模型来考虑税收和财务危机成本对资本结构的影响，形成了动态权衡理论。

Kane 等（1984）、Brennan 和 Schwartz（1984）最先提出了两个考虑税收节约与破产成本权衡的动态模型，Fiseher 等（1989）将交易成本引入动态资本结构的分析之中。在此基础上，Leary 和 Roberts（2005）指出了该模型在解释公司债务杠杆水平方面的一些动态变化特征，并利用动态持续模型分析显示，公司会积极调整其债务杠杆水平以使该水平能够持续保持在最优范围内，这种调整会受成本的变化影响而在长期进行。Frank 和 Goyal（2006）进一步总结出：无论下一时期的最优结构是什么，当期的最优融资选择取决于所预期的下一时期的最优资本结构，这就是动态权衡理论的一般思想。

四、代理成本理论

（一）代理成本理论（Agency Costs Theory）的主要思想

代理成本理论是在权衡理论的基础上进一步发展起来的资本结构理论。代理理论是涉及企业资源提供者与资源使用者之间契约关系的理论，按照代理理论，经济资源的所有者是委托人，负责使用及控制这些资源的经理人员是代理人，代理成本是因委托人和代理人目标不一致而产生的成本。Myers（1977）认为，负债能引起投资不足，因为投资给债权人带来了收益，而股东要承担全部风险，同时企业负债率过高时，股东有强烈动机投资于高风险项目，发生资产替代行为，债权人权益难以保障，由此产生债权代理成本。Jensen（1986）认为，当企业存在过多的现金流和较少成长机会时，管理者有扩张企业规模的动机，此时会产生过度投资问题，股东为避免代理人的过度投资问题，可以通过发行负债融资达到对代理人的行为进行监督和控制的目的，由此产生股权代理成本。代理成本使得面对不同成长机会的企业，去寻找合适的资本结构来降低企业的代理成本，实现企业价值的最大化。

代理成本理论最初由 Jensen 和 Meckling（1976）提出，代理成本理论产生之后，代理成本的范围被拓展，从而使该理论进一步得到丰富完善，后来发展成为契约成本理论。

（二）代理成本的类型

1. 股权代理成本与债务代理成本

从代理关系的主要类型看，代理成本理论中主要涉及两类代理关系：一类是企业管理者与股东之间的代理关系；另一类是股东与债权人之间的代理关系，代理成本相应地分为股权代理成本与债务代理成本。当公司存在财务困境时，通常会出现较高的债务代理成本。

代理理论认为，当管理者本身就是企业资源的所有者时，他们拥有企业全部的剩余索取权，管理者会努力地为自己而工作，这种环境下，就不存在代理问题。当管理者不是企业的所有者，管理人员会有动机提高在职消费、自我放松并降低工作努力程度等一系列自我寻利行为，这种行为可能会损害到所有者的利益，所有者会通过契约避免自身的利益损失，在委托人（所有者）和代理人（管理者）之间的契约关系中，当没有一方能以损害他人的利益为代价来增加自己的利益时，即达到“帕累托最优”，为达到“帕累托最优”需要付出的代价就是股权代理成本。

企业通过举债方式取得资本，也同样因代理问题的存在而产生债务代理成本。由于企业的资产替代行为会影响债权人的利益，债权人为避免资产替代行为，会通过提高借款利率或者加入各种限制性条款来补偿和控制其承担的放贷风险，以保证自身的合理利益，但由于信息不对称，提高借款利率或过度的约束可能使企业放弃贷款，失去投资那些盈利较高而成功机会较大项目的机会，这意味着企业可能损失一笔机会财富，这种损失属于债务代理成本。同样，由于股东拒绝投资那些对债权人有利而对自身利益影响不大的项目，进而可能产生投资不足问题，从而减少企业现行市场价值，这种机会财富损失，也属于基本的债务代理成本之一。

2. 监督成本、守约成本和剩余损失

按照代理成本的组成划分，代理成本可划分为三类：第一类是委托人的监督成本，即委托人激励和监控代理人，以期望后者为前者利益尽力的成本；第二类是代理人的守约成本（或担保成本），即代理人用以保证不采取损害委托人行为的成本，以及如果采用损害委托人行为而给予赔偿的成本；第三类是剩余损失，它是委托人因代理人代行决策而产生的一种价值损失，等于代理人决策和委托人在假定具有与代理人相同信息和才能情况下自行效用最大化决策之间的差异。其中，监督成本和守约成本属于制定、实施和治理契约的实际成本，剩余损失是在契约最优但又不完全被遵守、执行时的机会成本。

（三）代理成本理论的结论

按照代理成本理论，无负债时不存在债权代理成本，负债率最高时无股权代理成本，随着债务比的上升，债务代理成本上升、股权代理成本下降，两者呈现此消彼长的变动，两者之和即总代理成本会经历先下降后上升的变化，最优资本结构应选择在总代理成本是小的点，如图 2-9 所示。

MM 理论和权衡理论注重税收、破产等“外部因素”对企业资本结构的影响，代理成本理论通过引入“委托—代理”理论中的“契约”“动机”和“激励”等概念，转而从结构或制度设计等企业“内部因素”方面对资本结构问题进行分析，极大地丰富了资本结构理论的内容。

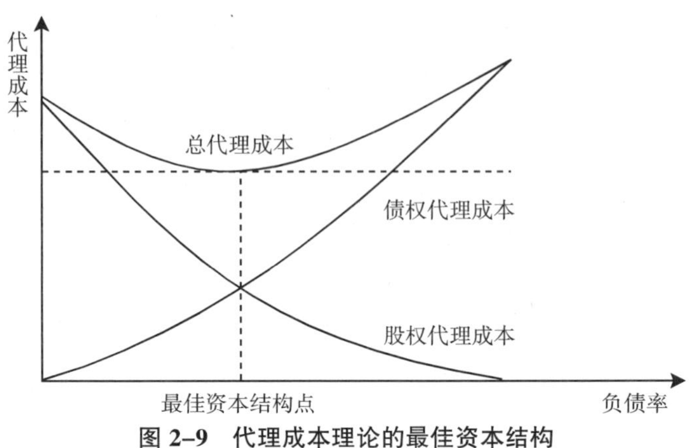

图 2-9　代理成本理论的最佳资本结构

五、信号传递理论

（一）信号传递理论（Signaling Theory）的起源

信号传递理论起源于信息经济学。Pettit（1972）利用信息经济学的理论最先指出，由于受到公共信息披露规范与责任的限制，管理者可以将股利政策作为向市场传递公司未来收益预期的一种隐性手段，而股利信息的变化可能与诸如长期现金流量等信息相联系，这些信息的重要性取决于它们是否已经为市场所知。Rose（1977）最早系统地将不对称信息理论引入资本结构和股利政策分析中。他假定企业管理者掌握了企业的未来收益和投资风险等内部信息，而投资者没有或很少掌握这些信息，只能通过管理者传递出来的信息来评价企业价值，管理者选择的资本结构和股利政策是向市场潜在投资者传递信息的一种信号。之后 Lyland 和 Pyle（1977）、Heikel（1982）、Myers 和 Majluf（1984）、Poitevin（1989）、Glazer 和 Israel（1990）等又分别从不同信号角度分析了资本结构问题，使信号传递理论得以扩充和完善。

（二）信号传递理论的主要内容

基于信息经济学理论，西方财务管理理论指出，在信息不对称情况下，公司向外界传递内部信息的常见信号有利润宣告、股利宣告和融资宣告三种，这些信息是向外界传递公司价值的信号，管理者可以根据公司当前的市场价值，选择有利的信号方式向市场传递信息，这些信息与公司未来的资本结构相关联，或者说公司可以通过调整资本结构传递获利能力及投资风险方面的信息。

如果企业发展前景比较好，又不需额外追加大量资金时，管理者可能会调高资本结构中的债务比率，以便充分利用财务杠杆效应，增加普通股的每股盈余；同时，如果管理者对公司未来的股利有较高的信心时，就可能采取“昂贵”但又令外界信服的方式，即通过支付较高的股利向市场传递这些内部信息。如果企业拥有能带来高收益的投资项目，而项目需要筹集大量的资金时，管理者首先会尽量使用内部资金，其次是利用负债，最后才是发行股票。

（三）对信号传递理论的评价

信号传递理论认为，公司可以通过调整资本结构来传递有关获利能力和风险方面的信息。按照资本结构的信号传递理论，公司价值被低估时会增加债权资本，被高估时会增加股权资本，从而建立了公司价值与资本结构关系的新的分析范式。

从假设条件看，信号传递理论放松了 MM 理论关于企业内部人和外部人拥有相同信息的假设，引入了收入流、新投资机会方面广泛存在的信息不对称，明确了企业市场价值与资本结构有关，是对资本结构理论的重要贡献，但该理论在模型中没有提出防止管理者向外输送错误信号的内在约束机制，也无法解释现实中许多与该理论相悖的现象。

六、控制权理论

（一）控制权理论（Theory of Control Right）的主要思想

与信号传递理论一样，资本结构控制权理论也可归结为契约理论范畴，它是将资本结构与公司治理结构相联系，分析资本结构如何通过影响公司治理结构从而影响公司价值。该理论以融资契约的不完全性为研究起点，以公司控制权的最优配置为研究目的，分析资本结构如何通过影响公司控制权安排来影响公司价值。

控制权理论认为，经营者出于对企业控制权的偏好，会通过资本结构安排影响控制权的分配从而影响企业的市场价值。相比较而言，由于存在信息不对称问题，股东的控制力较弱。如果企业的资金依赖于银行，则银行可能在很大程度上控制着公司；当企业达到发行债券进行融资的规模和条件时，通过举债带来的控制权损失小于银行融资，即发行债券融资比银行借贷更为有利；当然，最安全的方法是用未分配利润即内部资本进行投资。所以，控制权理论遵循的思路是控制权的最优分配→控制权分配结构→选择企业资本结构→满足控制权分配结构；其关于企业融资顺序的结论是内部筹资→发行股票→发行债券→银行贷款。

（二）控制权理论的发展脉络

控制权理论自 20 世纪 80 年代末产生以来，一直是学术界十分活跃的一个研究领域，取得了许多创造性的理论成果，产生了一些比较有代表性的理论模型，按照出现的时间顺序大致如下：

1. Stulz 的理论

Stulz（1988）的资本结构控制权理论是基于股权高度分散、完备契约、管理者与投资者利益一致假设下构建的资本结构控制权安排模型，其研究重点放在经理控制权与公司并购之间的关系上。Stulz 认为，面对外部接管威胁，管理者和投资者利益一致，管理者增加负债，并通过回购股票提升管理者控制权，接管者需要收购更多的股票才能要约收购成功，于是股票价格上升，但导致要约收购的概率下降，最优的资本结构及其控制权安排是使企业价值最大化的点。其理论可用如下模型表示：

$$R=p(a)\pi[p(a)],\ k>p;\ q(p(a))(1-a)=1/2 \tag{2-4}$$

式中，R 代表股东预期收益，k 代表竞争高管控制权私利，p 为股票价格，π 为要约收购的概率，a 代表高管控制权比例，q 代表股东出售股份。当高管控制权比例 a 较低时，增加负债提升高管控制权，市场上要约收购者必须从分散股东手中收购更多股份，使得股票收购价格上升，随着 a 的升高，要约收购的概率 π 降低，目标公司价值因缺少收购溢价而降低。企业价值随着在位高管控制权比例 a 的增加而增加，然后减少，最优的高管控制权比例 a 是股东按照企业价值最大化来权衡。

Stulz 的资本结构控制权理论认为，负债安排是决定资本结构控制权的唯一因素，可以确定一个企业价值最大化的最优负债水平。其得出的结论是：目标的敌意接管将有更多的债务；接管的利好信息将提升股票价格；接管价格与资本结构正相关，并且接管概率与目标公司资本结构负相关。

2. Harris 和 Raviv 的理论

Stulz 仅研究了负债对公司控制权的影响，而忽视了公司控制权争夺中管理者能力。Harris 和 Raviv（1988）在此基础上做了重要改进，认为管理者能力有强弱之分，由于信息不对称，一部分股东支持在位高管，另一部分股东支持竞争高管，公司在位高管可以通过提高其持股比例来增大其投票权，从而增强其对公司并购计划的控制能力。在位高管在既可以通过其持有股份获得股权收益，又可以通过其控制权获得私人收益的假设前提下，由于在位高管及其竞争对手的经营能力差异，公司价值取决于并购市场的竞争，而这种竞争又受到在位高管持股比例的影响。一方面，随着持股比例的提高，在位高管掌握公司控制权的可能性就会增大，从而其收益也会增大；另一方面，如果在位高管的持股比例太高，企业价值及经理股份价值就会减少，因为更有能力的潜在竞争者成功的机会变小，可能造成公司活力萎缩。因此，在位高管的最优持股比例是他掌握控制权所带来的私人收益（或失去控制权后的利益损失）同其持有股份的价值损失（或增加的破产可能性）相权衡的结果。这种权衡的结果实际上可以通过选择最优的负债水平来达到。可见，资本结构的选择既会影响经营者的持股比例及控制权，也会影响并购市场的竞争。Harris 和 Raviv 构建的在位高管收益模型如下：

$$R = a_0 G_1 + pK \tag{2-5}$$

式中，R 代表股东预期收益，a_0 代表在位高管的原始持股比例，G_1 表示代理权争夺时公司预期现金流，1 代表代理权争夺中能力强的一方，p 代表在位管理者能力强的概率；K 表示在位高管控制权收益。当在位高管面临接管威胁时，会利用债务融资从消极投资者手中回购公司股票，此时，在位高管的控制权比例从 $a_0 \to a$，竞争高管也通过市场收购消极投资者的股票，接管竞争的结果取决于高管的能力强弱和 a 的大小。当在位公司高管控制权比例 a 很高，更有能力的管理者不能接管公司，股票价格不会上升；当在位公司高管控制权比例 a 很低，即使在位高管能力强也能实现要约收购；a 过高和过低都不能使企业价值最大，当在位公司高管持股比例 a 适度，无法靠自身持股比例决定接管胜负时，需要考虑分散投资者态度，表现为代理权争夺，分散投资者把票投给能力强的一方，此时公司预期现金流最大，在位高管收益包括第一部分持股收益和第二部分控制权收益均值。使 R 最大的 a 就是最优的资本结构控制权安排。

3. Israel 的理论

Israel（1991）认为，债务和股票对现金流分布影响不同，进而影响了目标公司和收购方协同利益分布，在位高管通过权衡债务的价值增加效应和减少效应，以确定最优资本结构。其理论可用如下模型表示：

$$R(D) = [a(V - C - A) + A]p \tag{2-6}$$

式中，R 代表目标公司股东收益，D 代表目标公司发行风险债券金额，C 为接管竞争成本，V 表示接管产生企业价值利得，A 表示接管后负债 D 带来的股价增值；a 表示目标公司谈判能力，由控制权决定，p 表示要约收购的概率。目标公司股东收益 R 由负债价值增值 A、利得（V–C–A）和概率 p 组成。

由模型推论，当公司成为目标公司后，提高债务，回购股票，股票价格上升，目标公司股东债务溢价收益增加，收购的协同利益从收购方流向目标公司，形成债务的价值增加效应A；另外，根据债务契约，债权人收益固定，负债越大，债权人收益越大，债权人获得更多的协同利益，留给目标公司和收购方待分配的协同利益减少，收购方经过讨价还价仅能从契约事先没有约定给债权人的那部分收益中分割，收购利润很低，要约收购的概率降低，于是高负债降低企业价值，形成债务的价值减少效应。在位高管权衡债务的价值增加效应和减少效应，以此确定最优资本结构。目标公司股东则寻求使期望收益R最大化的D。

Israel资本结构控制权理论运行结果如下：

第一，如果接管发生，接管竞争成本C增加，公司回购股票，股价上升，增加目标公司股权的比例，降低债务水平。

第二，如果在位高管能力较低，债务水平增加，潜在的接管收益分布转向债权人。

第三，最优债务水平增加，竞争者讨价还价能力降低，接管概率下降，目标公司股票收益降低。

4. Aghion和Bolton的理论

Aghion和Bolton（1992）认为，由于初始契约不完备，管理者和投资者目标不一致，双方都会产生自利行为，损害对方的利益，于是在本该清算时继续经营（损害了投资者利益）、本该继续经营时破产清算（损害了管理者利益）。Aghion和Bolton的理论是基于管理者和投资者目标冲突条件下，怎样选择资本结构，保证最优的资本结构控制权安排，其构建的模型如下：

$$T = Max(G + k) = Max[(\lambda G + k) + (1 - \lambda)G] \tag{2-7}$$

式中，T表示总效用，G代表投资者收益，k代表管理者控制权收益，λ表示管理者持股比例，λG+k代表管理者收益函数，（1－λ）G代表投资者收益函数。管理者和投资者目标不同，投资项目的运营双方未来会存在利益冲突，如何构造初始契约使双方目标一致？如果初始契约不能使双方目标一致，怎样分配控制权是最有效的？这需要最优的资本结构来保证。

Aghion 和 Bolton 理论的优点是引进了契约不完备，考虑了债权人利益和债务的公司治理功能，更接近企业实际。缺陷是没有研究相机转移时债务融资的规模，还只是不完全契约下资本结构控制权理论的雏形。

5. Hart 的理论

Hart（1995）的资本结构控制权理论认为，在契约不完备情况下，管理者为了控制权私利，不愿进行清算（此时清算企业价值最大），投资者为了自身利益，强制清算（此时继续经营企业价值最大），如何在投资之初按照企业价值最大化目标进行负债融资安排，及时决定是继续经营还是破产清算，为此构建了约束条件为 $Q^A < R_2^A$ 和 $Q^B > R_2^B$ 下的两阶段模型：

$$R_1^A + R_2^A > R_1^B + R_2^B \tag{2-8}$$

短期负债定为 $R_1^A + R_2^A$，长期负债定为零。

$$R_1^A + R_2^A \leqslant R_1^B + R_2^B，\ R_1^A > R_2^B \tag{2-9}$$

短期负债定为 R_1^A，长期负债定为足够大。

模型中，R 为期末收益，Q 为期末清算价值，下标 1、2 分别代表两个经营期（在第 1 期不确知），上标 A 和 B 代表企业的两种自然状态。假设企业持续经营为两期，资本结构的选择及投资选择发生在第 1 期期初，R_1、R_2 分别表示第 1 期和第 2 期期末的收益，但第 2 期是否经营，由第 1 期期末的清算价值 Q 决定，如 $Q < R_2$，继续经营；如 $Q > R_2$，破产清算。为了实现这一机制，假定管理者和市场具有相同的信息集，这些信息可由会计报告取得，企业拥有的短期债务要在当期偿还，第 1 期拥有的长期债务需在第 2 期偿还。

企业在 A 状态，两期资产收益分别为 R_1^A 和 R_2^A，清算价值为 Q^A，在 B 状态，两期资产收益分别为 R_1^B 和 R_2^B，清算价值表示为 Q^B。第 2 期继续经营企业价值为 R_1+R_2，破产清算企业价值为 R_1+Q，如果双方利益不一致，如 $Q^A<R_2^A$，$Q^B>R_2^B$，当 $R_1^A+R_2^A>R_1^B+R_2^B$ 时，第 1 期短期负债定为 $R_1^A+R_2^A$，长期负债定为零。因为在 A 状态下，企业第 1 期期末通过借入 R_2^A 资金能够清偿短期债务，实现持续经营，由 $Q^A<R_2^A$ 知，持续经营能够实现企业价值最大化；而在 B 状态下，因为 $R_1^A+R_2^A>R_1^B+R_2^B$，企业将被迫破产清算，由 $Q^B>R_2^B$ 知，破产清算能够实现企业价值最大化。当 $R_1^A+R_2^A\leqslant R_1^B+R_2^B$ 且 $R_1^A>R_2^B$ 时，第 1 期短期负债定为 R_1^A，长期负债定为足够大。因为在 A 自然状态下，第 1 期企业收入能够清偿债务，根据 $Q^A<R_2^A$，持续经营能够实现企业价值最大化；在 B 自然状态下因 $R_1^A>R_1^B$ 被迫破产清算，以实现企业价值最大化。

Hart 模型在契约不完全的条件下，引入“公司持续经营与公司被清算”的矛盾，研究了最优融资契约和相应的最优控制权结构，并得出了三个重要结论：一是如果融资方式是发行带有投票权的普通股，则股东掌握控制权；二是如果融资方式是发行不带有投票权的优先股，则经理人员掌握控制权；三是如果融资方式是发行债券和银行借款，则控制权仍由经理人员掌握，但前提是按期偿还债务本息，否则（即出现了破产）控制权就转移到债权人手中。此外，该模型还注意到了短期债务具有控制经理人员道德风险的作用，而长期债务（或股权）具有支持公司扩张的作用，因此，最优资本结构取决于两者之间的权衡。

（三）对控制权理论的评析

控制权理论是现代资本结构理论的重要组成部分，它为我们在财务合约不完全的情况下研究企业资本结构选择与控制权安排提供了一种新的且最有力的分析工具。其主要贡献体现在以下几个方面：

第一，深化了对资本结构本质属性的认识。资本结构控制权理论在不完全合同的分析框架中，深入到融资契约的内部，研究资本结构选择与公司控制权安排之间的关系，使我们对资本结构的理解有了质的飞跃。资本结构本质上是一种契约要求权结构，不仅规定着公司剩余索取权的分配，而且规定着公司控制权的分配；公司控制权具有状态依存性，即能够相机转移。

第二，真正地把资本结构与公司治理结构有机联系在一起。公司治理结构所解决的关键性问题是如何在各产权主体之间最优地分配公司的剩余索取权和控制权。从该理论中，我们不仅认识到资本结构对公司治理结构有着重要的影响，而且认识到最优的公司治理结构不是某种单纯的“单边治理”，而是具有“控制权相机转移”的特征。

第三，使现代资本结构理论有了更加坚实的微观基础。由于资本结构的控制权理论所建立的假设条件——合同的不完全性更贴合现实，使该理论大大深化了对资本结构的认识，而且能够很好地把资本结构与公司治理结构有机地联系在一起。分析资本结构的形成机理更加符合当事人现实的行为过程，从而有力地推动了现代资本结构理论的发展和应用。

第四，批判性地发展了企业契约理论。从理论渊源看，资本结构的控制权理论是在交易费用理论、委托代理理论等企业契约理论的基础上发展起来的，但它同时又批判性地发展了企业契约理论。这不仅表现在它区分了剩余收入权与剩余控制权，对交易费用理论提出了一种正式而规范的分析模型，而且还表现在它找到了科斯定理中配置资源的“权威”，指出了企业合并中也有费用，使企业边界的界定更加清晰，为企业契约理论提供了规范化分析企业所有权结构（不同的合并类型）的工具。

但是，资本结构控制权理论也存在着一些不足或者需要进一步完善的地方。主要体现在以下几个方面：

第一，把资本结构局限于传统的资本结构。传统的资本结构是指债务资本与股权资本的比例关系。资本结构控制权理论的现有文献都基本上是以这种资本结构为研究的现实背景，即在外生给定了债务融资和股权融资两种基本财务工具的控制权及索取权的基础上，按照不完全合同理论，以控制权最优安排为指导思想来研究最优的债务资本与股权资本的比例关系。事实上，现实中的公司资本结构除包括债务资本与股权资本的比例关系外，更应包括股权资本结构、债务资本结构和人力资本。所以，如何在不完全合同的分析框架中，为了更有效地安排公司控制权而更广泛地研究物质资本与人力资本之间、股权资本内部各种具体形式之间、债务资本内部各种具体形式之间以及债务资本与股权资本之间的最优配置问题，便有待于资本结构控制权理论加以解决，从而使之更具有坚实的客观基础。

第二，把合同的不完全性局限于物质资本所有者的合同。资本结构控制权理论的现有文献都十分强调投资者（债权人和股东）的合同是不完全的，认为投资者没有受到合同的完全保护，因而应获得剩余控制权，而忽视其他成员的权益保护，似乎其他成员的合同是完全的。可见，资本结构控制权理论在这方面是自相矛盾的。

第三，把控制权定义为企业所有权。按照 Hart 等的理解，剩余控制权就是“可以按照任何不与先前的合同、惯性或法律相违背的方式决定资产所有用法权利”，而且“拥有剩余控制权实际上已经被作为所有权的定义”。也就是说，物资资本的所有权与剩余控制权是同义词。这在逻辑上是倒因为果，因为所有者有所有权，才有了对重大问题的决策权，即所谓的剩余控制权，而不是相反，先有了剩余控制权，后才有了所有权。

七、优序融资理论

（一）优序融资理论的假设及主要思想

优序融资理论（Pecking Order Theory）由 Myers 和 Majluf 于 1984 年提出。该理论是以信息不对称理论为基础发展起来的关于新项目融资顺序的资本结构理论。其假设条件是：管理者、股东（或潜在投资者）及债权人之间掌握的信息是不对称的，管理者比外部人掌握更多的公司财务信息，存在交易成本，并且证券市场为完全市场。

证券市场会对企业的融资信息做出反应，当股票价格高估时，企业管理者会利用其内部信息发行新股，投资者会意识到信息不对称的问题，因此当企业宣布发行股票时，投资者会调低对现有股票和新发股票的估价，导致股票价格下降、企业市场价值降低。Myers 和 Majluf 假设公司管理者代表老股东的利益，不愿意以低价发行新股而将老股东的利益向新股东转移，而一些价值被低估的好公司则宁可错过有净现值的投资机会也不愿意发行股票。

在上述假设下，优序融资理论认为，权益融资会传递企业经营的负面信息，而且外部融资要多支付各种成本，因此，公司为新项目融资时，将首先考虑使用内部的盈余，其次采用债券融资，最后才考虑股权融资，即遵循内源融资、外部债权融资、外部股权融资的顺序。

（二）优序融资理论的主要结论

（1）公司偏好于内源融资。内源融资主要包括企业内部留存收益和折旧，相比外部融资，内源融资不必和投资者签约及承担发行成本，也避免了个人所得税，因此内源融资要优于外源融资。

（2）股息具有“黏性”，所以公司会避免股息的突然变化，一般不用减少股息来为资本支出融资。换句话说，公司净现金流的变化一般体现了外部融资的变化。

（3）如果需要外部融资，负债融资又优于权益性融资。相比于权益融资，负债融资具有节税效应、发行成本低、不会稀释公司控制权等优点，因此，负债融资又优于权益性融资。

（4）如果公司内部产生的现金流超过其投资需求，多余现金将用于偿还债务而不是回购股票。随着外部融资需求的增加，公司的融资工具选择顺序是从安全的债务到有风险的债务（比如从有抵押的高级别债务到可转换债券或优先股），股权直接融资是最后的选择。

（5）由于股权直接融资被安排在债务融资之后，每个公司的债务率反映了公司对外部融资的累计需求。

（三）对优序融资理论的评析

首先，与权衡理论一样，优序融资理论也是在MM理论的基础上发展起来的，权衡理论假定信息是完全的，考虑税收、财务困境成本、代理成本如何影响企业的融资决策，讨论的核心是举债的利弊及其如何达到均衡。而优序融资理论则认为，不对称信息和融资成本超过了权衡理论中举债的税收和代理方面对资本结构的影响，因而考虑了更多因素。

其次，优序融资理论从另一角度解释了财务杠杆比例的生成原因。在权衡理论中，企业负债比例的变化是对举债利弊进行权衡的结果，因此，在一定的投资机会下，盈利能力强的企业有更高的杠杆比例。优序融资理论认为，企业融资决策应尽量使用低成本的融资方式，不存在一个理想的杠杆比例目标，当企业投资超过留存利润时，企业负债相应增加，反之则减少，企业负债比例的变化是净现金流变化的结果。在优序融资理论中，企业在经营好的时候要储备现金或举借少量债务，以避免将来投资时采用昂贵的外部融资方式，因此，在一定的投资机会下，盈利能力强的企业反而有更低的杠杆比例，高的利润留存和低的负债比例是拥有高融资能力的表现。

最后，优序融资理论进一步考虑了负债融资的内部结构问题。

其他资本结构理论并未讨论各种负债内部种类之间的区别，而在优序融资理论中，对于不同负债融资形式的影响进行了分析，进而得出，低风险债务（如抵押贷款或债券）较之高风险债务（如信用债券）更能传递积极信息，能够降低融资成本，因而得到优先考虑，成为仅次于内源融资的方式。

需要说明的是，尽管优序融资理论并未给出合理的资本结构确定公式，但现实却与该理论的分析相符。数据表明，自 20 世纪 50 年代以来，西方发达国家企业融资结构变化的共同趋势是内部融资的比率明显上升，外部融资比重有所下降；在外部融资中，债务融资比重上升，股票融资呈下降趋势，甚至出现股票融资为负（股票回购大于发行）的情况，这些成为优序融资理论现实解释能力的有力证据。

第四节　债务期限结构配置理论

企业通常会根据生产经营及发展战略需要选择不同期限的债务融资，债务结构配置包括债务与资产结构配置和债务期限结构配置两方面。

债务与资产结构配置是指债务期限类型要与资产类型相匹配，如此可降低企业财务风险。债务从偿还的紧迫性角度可分为流动负债和长期负债，流动负债要求在短期内偿还，需要有相应可变现的流动性资产作为保障，而长期负债则可以用全部资产作为保障。债务与资产结构配置是企业财务管理的基本要求，企业的债务杠杆中，流动资产负债率一方面反映了短期经营杠杆程度，另一方面反映了债务与资产的匹配程度。

债务期限结构配置即指企业长短期债务的比例，债务期限结构的选择是债务融资最重要的财务决策之一。西方学者关于企业最佳债务期限结构的研究始于20世纪70年代，Stiglitz（1974）在完全竞争资本市场和信息透明假设下得出了企业债务期限结构与其市场价值无关的结论，之后对企业债务结构的探讨扩展到不完全市场情形下，产生了期限匹配、代理成本、信号传递与税收假设等理论。这些理论分析了公司内部因素对债务期限结构选择的影响，包括未来成长机会、自由现金流量、公司规模、现存资产的期限、公司质量、信息不对称程度、实际所得税税率和公司价值波动性等。

一、债务与资产结构匹配理论

（一）传统债务与资产结构匹配理论

传统的期限匹配理论主要是从降低企业财务危机风险的角度出发考虑债务的期限结构问题。Myers（1976）最早系统地论证了这一理论。他认为，将资产和债务的期限匹配起来，能够减少由于企业资产产生的现金流可能不足以用来支付利息和投资需要而带来的风险。如果债务期限比资产期限短，则企业有可能在债务到期时缺乏足够的现金来偿还债务；如果债务期限比资产期限长，则在资产寿命已经终止时还要继续为未到期的债务支付利息。通过将债务期限与资产期限匹配起来，企业创造了一种自然的套期保值方式，减少了财务危机风险。

（二）现代债务与资产结构匹配理论

现代期限匹配理论主要是从降低代理成本的角度进行考虑。Myers（1977）认为，克服投资不足问题的一种方法是将企业的债务期限和资产期限对应起来，因为这样做可以使当前债务的偿还由当前资产的收益来支持，从而对企业增长期权的执行不会产生消极的影响。

HaIt 和 Moore（1994）则从企业家人力资本的不可分割性这一角度进行债务契约分析，他们指出，企业家的人力资本不具有事前承诺的可信性，债权人为了防范企业家的道德风险，必须将其投资收益的获取建立在项目本身产生收益的特征上，通过附加其他一些条件，可以推导出：第一，当项目产生的收益流较快时，债务期限变短；第二，当担保资产的折旧率较低时，债务期限变长。这从两方面证明了债务期限和资产期限应当相匹配的原则。

Emery（2001）则从降低企业债务融资的发行成本和利息成本这一角度进行最优债务期限结构的探讨。Emery 认为，市场对企业产品需求具有周期性，因此企业对资产的需求也具有周期性，企业进行长短期债务融资需要考虑产品需求和资产需求，即从企业产品需求的周期性角度而言，需要将债务期限与资产匹配。

国外学者的研究表明，无论是从传统的期限匹配理论看，还是从现代的期限匹配理论看，为了降低企业债务融资的风险或成本，企业应将债务期限和资产期限进行匹配。因此，企业的债务期限应该与资产期限呈正相关关系。

二、债务期限配置的代理成本（契约成本）理论

代理成本理论指出，由于管理层、股东和债权人之间的利益冲突，每种融资方式均有与其相应的代理成本，和资本结构相关的代理成本既存在于因两权分离导致的投资人与管理层之间，也存在于因债务融资导致的投资者和债权人之间，代理成本的存在是企业选择资本结构时需要考虑的关键问题。代理成本理论认为短期债务能缓解股东、管理者和债权人等利益主体之间的冲突，减少投资不足、资产替代和过度投资等行为的发生，从而降低代理成本。

（一）短期负债可以减少投资不足问题

Myers（1977）认为，公司未来的投资机会类似于一揽子期权，其价值取决于公司执行它们的可能性。企业的融资结构由含有较低风险的固定索取权（即债务）和较高风险的剩余索取权（即权益）组成，项目融资获得的收益将在债权人和股东之间进行分配。当预

期收益不高时，股东会拒绝投资此类项目，由此产生投资不足问题。解决投资不足问题的途径有三种：减少债务数量进而改变企业的资本结构；在债务契约中附加约束性条款；缩短企业债务的期限。所以，公司成长机会影响债务期限结构的选择，拥有较多成长选择权的企业应使用期限较短的债务，债务期限与企业成长机会或增长期权负相关。

（二）短期负债可以抑制管理者的过度投资行为

过度投资是指在投资机会较少时，管理者为追求个人私利而做出偏离所有者财务目标的投资行为，或者由于管理者的过度自信导致的盲目投资。Jensen（1986）指出，当企业拥有较多的自由现金流时，管理者易将其投资于一些有损于股东利益，但能扩大企业规模的新项目，以获取企业规模扩大所带来的个人私利。短期债务融资是抑制管理者过度投资的有效办法，一方面，短期负债有利于频繁削减企业的现金收益，从而经常性地减少自由现金流；另一方面，短期负债增加了发生企业财务危机的可能性，较高的短期债务比将激励管理者做出更有效的投资决策，也就是更有效地使用企业资金。因此，较高的短期债务有助于抑制管理者的过度投资行为。

（三）短期负债可以抑制资产替代行为

资产替代是指股东在投资决策时，放弃低风险低收益的投资项目，而将债务资金转向高风险高收益的投资项目，使负债的实际风险增大，进而损害债权人的利益。Barnea 等（1980）认为，短期债务的价值对于企业资产价值的变化较不敏感，且短期债务可以更好地制约管理者对自由现金流的随意处置，能够使管理者和股东约束其偏好风险的动机，因此短期债务可以减轻资产替代问题。

三、债务期限配置的信号传递理论

债务期限结构的信号传递理论是从信号传递博弈的角度，分析不完全信息是如何影响企业债务结构的选择。该理论由 Flanney

(1986) 创立，Kale 和 Noe (1990) 等拓展了这一理论。债务期限结构的信号传递理论假设企业管理者与债权人之间存在信息不对称，管理者比债权人掌握更多关于公司的私人信息，该理论的主要结论是，在公司和市场投资者之间存在关于投资项目质量的不对称信息时，高质量（价值被低估）公司通常选择短期债务向市场传递信息，以减少信息不对称产生的成本，因此，公司质量应与债务期限负相关。

（一）项目（或公司）质量

Flannery (1986) 认为，由于信息不对称，市场无法分辨项目质量的好坏，其股票或债券容易被错误定价。然而，与短期债务相比，长期债务对公司价值变动更敏感，长期债务被错误定价的程度高于短期债务。如果债券市场不能辨别公司质量的优劣，价值低估（高质量）的公司就会选择发行定价偏离程度较小的短期债务融资，而价值高估（低质量）的公司就会选择发行定价偏离程度较高的长期债务。理性投资者在对风险性债务估价时将意识到这些激励信号。即信号传递假说认为，高质量或拥有好项目的公司偏好选择短期债务向市场传递其质量类型的信号，而低质量或拥有差项目的公司只能选择长期债务融资。

Diamond (1991) 则从信用等级与流动性风险或破产清算的权衡角度分析得出信用等级与债务期限呈近似倒 U 形关系，信用等级越高的企业越倾向于选择短期债务融资；信用等级一般的企业即使信用等级一个很小的降低，也会引起破产清算，因此倾向于选择长期债务；信用等级较差的企业不可能获得长期债务融资，只能选择短期债务。

（二）信息不对称程度

Flannery (1986)、Barclay 和 Smith (1995) 认为，由于长期债务产生更大的信息成本，信息不对称性严重的公司（如高成长型公司）更可能发行短期债务。面临较少信息不对称问题的公司将较少关注其债务期限选择的信号效应，更可能发行长期债务。因此，信息不对称程度应与债务期限负相关。

Goswami、Neo 和 Rebello（1995）通过对现金流量的不对称信息分析指出，企业未来短期和长期现金流量信息的不对称（不确定性）程度会影响企业债务期限结构的选择。当企业对未来长期现金流量有较高的不确定性时，企业将选择长期债务；当企业对未来短期现金流量有较高不确定性，可能会有再融资风险时，也将选择长期债务融资；当企业对未来短期及长期现金流量有相同的不对称信息时，企业将选择短期债务融资。

四、债务期限配置的税收假说理论

债务期限结构的税收假说起源于债务的税盾效应。税收假说理论认为，不同期限债务的税盾效应差异决定了公司价值最大化的最优债务期限结构设计，税率、利率期限结构和价值波动性等是影响债务期限结构选择的因素，其结论是支持使用长期负债。

（一）实际税率

Brick 和 Ravid（1985）认为，如果利率的期限结构为向上倾斜的曲线，公司发行长期负债的前期利息费用大于展期的短期负债，这时发行长期负债就会产生更多的债务税盾。公司的边际税率越高，这种效应越重要。因此，面临更高的实际税率的公司将发行期限更长的债务。Scholes 和 Wolfson（1992）基于不同公司面临的边际税率不同提出了税收的客户理论。该理论认为，尽管每个公司都知道短期债务的不断展期或多次发行的交易成本很高，但仍然只有部分公司能够发行长期债务，而这部分公司就是边际税率较高的公司。原因是边际税率较高的公司发行长期债务能够获得很高的税盾收益，而边际税率较低的公司所能获得的税盾收益却较少，发行长期债务会让其面临过高的风险。因此，Scholes 和 Wolfson 认为债务期限与公司的实际税率之间呈正相关关系。

（二）利率期限结构

Brick 和 Ravid（1985）分析了在利率确定的情况下债务期限选择的税收动机。在利率的期限结构为向上倾斜的曲线时，公司发行长期负债的前期利息费用大于展期的短期负债。发行长期负债降低了公司预期的纳税义务而增加了公司市场价值；相反，当利率的期限结构为向下倾斜的曲线时，选择短期负债能够提高公司的价值。因此，负债的期限结构与利率的期限结构呈正相关。Brick 和 Ravid（1991）还分析了在利率不确定的情况下债务期限选择的税收动机。他们通过数理模型证明，在这种情形下，由于利率期限结构曲线有可能向上倾斜、基本平坦或者向下倾斜，因此公司发行长期债务是最优的，此时企业获得的利息避税现值能够达到最大。但 Lewis（1990）认为，如果最优杠杆和债务期限同时决定的话，税收（假设税收是唯一的市场不完全性）对债务期限决策没有显著影响。

（三）公司价值波动性

Kane 等（1985）、Sarkar（1999）证明了在存在税收的条件下，最优的债务期限与公司价值波动性呈负相关关系。原因是公司价值波动性低避免了公司由于担心可能发生的破产成本而频繁地对其资本结构进行调整，这样这些公司就会倾向于发行长期债务而不是短期债务。换言之，所有价值波动性高的公司都将由于对资本结构的关注而定期地发行短期债务。

（四）非负债税盾

企业的固定资产折旧、无形资产摊销及长期待摊费用摊销等均可在税前列支，它们同债务利息一样具有抵税作用，通常称这类虽非负债但同样具有抵税作用的因素为“非负债税盾”。非负债税盾可以替代负债的抵税作用，非负债税盾越大，越可以较多地使用短期负债，因而拥有大量非负债税盾的企业可以比没有这些税盾的企业更多地利用短期债务抵税。但实证研究并未取得一致结果，Bradley 等（1984）、袁卫秋（2005）研究发现，非负债税盾和财务杠杆正相关。Timan 和 Wessels（1998）的研究并没有发现非负债税盾对杠杆有显著影响。Wald（1999）的研究表明，非负债税盾和财务杠杆负相关。

第三章

高科技企业成长机制分析

第一节　高科技企业成长的内生机理

一、高科技企业成长的动因与影响因素

尽管企业成长受外部环境因素制约，但其推动力来源于企业内部。在既定战略下，如何围绕生产、销售、供应等各环节整合企业内部资源，并依据市场变化适时进行调整，考验的是企业的综合能力。企业内部关键要素的系统耦合形成企业的各种能力，各种能力的总和构成了企业成长的驱动力。影响高科技企业成长的内部因素体现在以下方面：

第一，对于高科技企业而言，成长能力最本质的体现是创新能力，创新的内容包括产品创新、生产技术和工艺创新、商业模式创新、市场创新和制度（或组织）创新，影响创新活动的行为和内部关键因素都可以决定高科技企业成长。

第二，智力密集是高科技企业的典型特征，很大程度上决定了创新的成败。

第三，存在影响所有企业成长的特征因素，这类因素并非某类

企业独有，对高科技企业同样发挥作用。

对高科技企业而言，上述因素具体可以概括为以下几种。

（一）R&D与高科技企业成长

创新是高科技企业区别于非高科技企业的一个显著特征，技术创新理论强调创新是企业成长的动力，创新使企业获得产品和技术上的垄断，而这种垄断地位会进一步促进企业持续开展R&D活动，为企业成长奠定基础，为此，熊彼特构建了“竞争—创新—企业发展”的外部机制模型。克里斯托夫·弗里曼则在熊彼特的基础上进一步研究发现，新技术或新产业是结束经济萧条、促进经济增长的保证。

研究表明，创新能力的形成很大程度上取决于企业R&D投入，R&D投入的直接结果是专利、新产品新工艺和原有产品工艺改进，并最终为企业带来收入和市场地位的提高、产品与服务质量改进、成本降低、竞争力持续等。企业持续的R&D活动，一方面意味着通过产品与技术不断创新来满足消费者的新需求，使企业成长得以实现；另一方面意味着企业形成对知识和技术的垄断地位后，提高了进入壁垒，使新进入者和竞争者需要花费更多时间和资金去模仿学习，从而为企业的进一步发展提供了空间。

（二）人力资本与高科技企业成长

新增长理论的代表舒尔茨认为，人力资本是区别于物质资本的无形资本，是凝聚在人身上的知识与技能。新增长理论强调人力资本在经济增长中的终极作用，指出人力资本的外溢性可以解释要素边际报酬递减规律下新古典增长理论无法解释的现实中经济长期持续增长的现象，通过加强教育、培训等人力资本的投资，可以实现经济的长期持续增长。

高科技企业的一个重要特征是知识、技术和人才密集，其核心业务是追求创新。创新活动需要大量R&D投入，但R&D的成功不仅仅是生产要素的重新组合，更依赖于人力资本，其中研发人员在创新过程中起到关键作用，研发人员的专业知识和技术水平直接决定了企业的知识边界和技术水平的先进程度，进而决定公司的成长前景。可以说，在诸多生产要素中，人力资本是高科技企业成长最关键的要素，直接影响到企业能否健康、持续、稳定发展。因此，要充分合理地开发、配置和运用人力资本，通过技术创新这一途径实现企业持续成长。

从某种意义上说，人力资本是企业最核心的竞争力，高科技企业创新和进步的关键在于人力资本的高效运营，人力资本能动性的充分发挥离不开企业制度，好的制度机制是形成企业各种能力的保证，高科技企业应建立知识共享、项目团队协作机制。股票期权激励、智力入股、知识产权入股等多种人力资本参与企业剩余分配的形式已成为实现这一机制的有效手段，并在实践中得到广泛应用。

（三）企业家及高管团队与高科技企业成长

企业家及高管团队担负企业战略和决策制定，是一种特殊性质的人力资本，因其稀缺性、独特性和不可复制而成为企业的战略资源，构成企业的核心竞争力。高科技企业成长是企业家捕捉市场机会、制定和调整战略、获取和配置资源并开发利用这一机会，通过创新和管理最终提高企业竞争力的过程，企业家人力资本在这个过程中起关键作用。一方面，企业家的战略决策能力和获取外部资源的能力决定市场机会的把握及可利用资源的数量与种类，而生产性机会总是随着可利用资源的数量和种类而扩张，从而实现企业持续成长；另一方面，企业家创新能力和管理能力是企业核心竞争力形成及发展的关键，核心竞争力是企业保持持续竞争优势的保障，是企业持续成长的关键。也就是说，在企业成长过程中，如果企业家不具备相关能力并且发挥其能力，则企业会失去生产性机会，失去核心竞争力，从而失去持续成长的可能性。

企业成长是质与量的统一，是两者良性互动的过程，量的成长是质的成长的物质基础，质的成长是量的成长的有效保障。由企业家战略能力所发现的市场机会和企业家关系能力所创造的资源保障实现了企业量的成长，在此基础上，组织创新和管理水平的提高实现了企业质的成长，企业质的成长使企业核心竞争力提高，企业实现持续成长。因此，企业持续成长过程中企业家人力资本的各项能力不可或缺，企业家人力资本是企业成长的关键。

（四）公司治理

根据契约理论，企业成长的实质是企业利益相关者进行价值创造的过程，利益相关者价值创造的可持续性依赖于创造价值的各种生产要素能够获得合理的回报与补偿。委托代理理论则从监督经营者行为以保护所有者利益、降低代理成本方面讨论企业成长问题。在现实经济中，这一问题通过公司内部治理机制解决，一个完善有效的公司治理机制可以协调企业利益相关各方的关系，平等地保护各利益相关者的利益，激励利益相关各方更好地贡献资源、协调价值创造，从而促进企业持续成长。内生成长理论认为，企业成长是管理者有效协调其资源和管理职能的结果，企业通过内部治理提高部门效率、优化资源配置、协调内部关系等实现企业内生成长。公司治理的内部手段主要包括股权治理、管理层持股、董事会治理等方面。外生成长理论则强调外部法制环境等外部治理手段可以改善外部环境、规范企业行为，进而促进企业成长。

1. 股权治理

股权结构反映了企业控制权的分布，是企业治理结构的基础。股权治理是通过优化公司的股权结构关系，以达到制衡公司相关利益方、实现公司价值或绩效最大化。按股份占比，股权结构包括大股东和中小股东；按出资人的身份不同，股权结构包括国家股、法人股和公众股；按股份的可流通程度不同，股权结构分为流通股和限售股。

股权集中度通常用前几大股东持股比例衡量，前几大股东持股比例越高，股权集中度越高，反之则表示股权越分散。关于股权集中度与公司绩效关系的理论研究，存在监管假说和侵占假说两种相互对立的观点。监管假说从所有权与控制权分离的命题出发，认为管理者与股东之间存在严重的利益冲突，股权分散会导致股东无法对经营者的行为进行有效监督，导致管理者的“败德行为”和“逆向选择”，对经营绩效存在不利影响；而股权集中度越高，大股东监督、控制和激励管理者的能力越强，可以降低管理者与股东之间的代理冲突，从而对公司绩效产生积极影响。侵占假说则认为大股东与外部小股东利益往往不一致，在缺少外部控制威胁的情况下，大股东可能以小股东的利益为代价来换取个人利益，并过多地干预公司经营管理，抑制了他们的积极性，因而不利于企业绩效的提高。

由于我国独特的股权制度，国有股东在较多的上市公司中以出资人身份出现，并且往往占据控股地位。与其他股东身份不同，国有股股东作为次级委托人，存在因产权主体缺位而难以有效行使监督管理权和不愿担责等行为，国有股权成了一种“廉价投票权”，损害了初始委托人的利益。此外，国有股一股独大极易形成“内部人控制”。因此，国有股占比越高，通常对公司绩效提高的正面效应越不明显。

我国股票市场存在流通股与非流通股的股权分置格局，导致流通股股东和非流通股股东同股不同权，造成了两类性质股东在权益分享和利益分配方面的不均等。两类股东存在投资理念和利益目标上的冲突，流通股股东的利益目标是公司价值（股票价格）最大化，而非流通股股东利益目标则倾向于实际资本利得分配。利益目标的冲突影响公司的经营，不利于企业成长。

2. 管理层持股

在解释管理层持股与公司绩效的关系时，理论上存在两种截然不同的假说，即利益趋同假说和掘壕自守假说，前者认为，管理层持股比例增加有助于公司成长，后者则相反。此外，也有综合两种观点的第三种结论，认为管理层持股的两种作用同时存在，对企业成长的综合效应在实践中存在不同情形。

利益趋同假说认为，随着管理层所有权的增加，拥有剩余索取权的管理者和股东的目标函数渐趋一致。因此，管理层持股有助于降低代理成本和提高企业价值。如 Jensen 和 Meckling（1976）从代理理论角度指出，经理人持股数量少会造成特权消费等现象，从而降低公司价值，当经理人持股比例增加时，他们须支付大部分背离价值最大化的成本，因而剥削公司财富的可能性下降，从而使得公司价值增加。因此，管理层持股比例应该与公司绩效呈正相关关系，这也成为股权激励的依据。

掘壕自守假说认为，管理层和外部股东的利益通常并不一致，两者存在利益冲突，管理者持股过多会使他们对公司拥有更多控制权，同时，外界对管理层的有效约束程度将减弱。此时，管理者会更多地以牺牲其他股东的利益为代价，通过追求自利目标而不是公司价值目标实现自身福利最大化。而且管理层持有的股份越多，企业被购并的可能性越小，这也使得外部约束对管理层的压力减弱。因此，当公司被不受控制的管理层管理时，公司价值将趋于下降。

与上述两种竞争性假说相对应的是管理者持股会产生两种相互抵消的激励作用，即利益一致激励和损害激励的观点。Morck、Shleifer 和 Vishny（1988）认为，经理人员对两种相反的力量做出反应，公司价值与经理股权的关系取决于哪种力量占上风。一方面，经理人员存在按自身利益最大化原则分配公司资源的自然倾向，这与外部股东的利益是相冲突的；另一方面，随着经理人员持股比例的增加，他们的利益更有可能和外部股东的利益趋于一致。他们认为，在任一给定经理人员持股水平上，要预测哪种力量占优势是不可能的，因此，管理层持股比例对企业成长的综合影响在实践中存在不同情形。

3. 董事会治理

董事会职能包括董事会制度建设、董事会结构设置、董事会战略决策以及对管理层经营行为的监控与约束。董事会治理即是董事会履行上述职能以促进企业成长。常见的董事会治理方式包括董事会规模、独立董事比例、董事长与总经理的两职设置和董事会激励等，这些方式都可能对企业成长产生影响。

较多的研究表明，大规模董事会有利于提升企业绩效，对企业成长存在促进作用。资源依赖理论认为，规模较大的董事会能够帮助企业获取重要的资源，吸纳更多具有不同专业背景、专业能力和经验的董事，以此尽可能减少某个人或少数人控制董事会的可能性。但大规模董事会也存在管理工作变得复杂、董事会成员沟通容易出现问题、可能出现“搭便车”现象等弊端。针对上述弊端，也有研究表明，董事会规模对企业成长表现出一定的负向影响，大规模的董事会不利于快速制定企业战略决策，不能更快地适应市场变化，不利于降低企业的风险，因此，董事会的规模适度有利于提高企业绩效。

独立董事比例也属于董事会治理结构中一个非常重要的方面。代理理论认为，增加独立董事有利于监督和决策职能的实现，能促进企业绩效的提高，资源依赖理论和现代管家理论分别从资源提供和专业性的角度支持了这一观点。研究结果表明，独立董事可以在董事会的决策中做出重大贡献，对管理层的业绩做出公正、客观的评价。此外，当管理层、企业和股东在某些方面产生利益冲突时，独立董事可以发挥积极的作用。

对董事会成员的激励主要包括董事持股和薪酬两个方面。通常认为，适当的董事持股比例有利于提高公司绩效，但董事会成员持股比例过高时，容易产生自利行为，在对重大事件做出决策时，可能会更偏向于自身利益，从而对提高绩效产生不利影响。激励理论认为，董事薪酬与企业绩效之间通常表现出正相关关系。因此，董事会成员拥有的持股比例或薪酬越高，其利益与企业绩效越一致，越能发挥监督和决策职能，从而促使企业成长。

现实中，董事长和总经理两职合一与两职分离的董事会领导结构均存在。主张两职合一者认为，两职合一便于董事会与管理层沟通，以更高效地执行董事会制定的战略和决策，有利于公司绩效的提升。主张两职分离者认为，两职分离有利于提高董事会和经营管理层的独立性，通过权力机制，董事会对管理层决策的监督与制约也将变得更为有效，进而对企业的绩效产生正面的影响。

（五）企业规模

Gibrat（1931）认为，影响企业成长的因素众多，难以对其进行预测，企业成长独立于其规模，企业成长性不因其规模而有所差异，或者说与企业规模无关，这一结论被称为著名的 Gibrat 定律。针对 Gibrat 定律。早期的实证研究结论大多支持了这一观点，Hart 和 Prais（1956）对意大利企业的研究、Simon 和 Bonnini（1958）对美国 500 强企业的研究、Ijiri 和 Simon（1964）等对美国制造业和采矿业企业规模与成长之间关系的研究均表明，企业的成长独立于其初始规模，企业规模与成长间的关系遵循 Gibrat 定律。

然而之后更广泛的研究表明，企业成长性与企业规模负相关，导致企业规模分布偏离对数均衡分布。基于市场有效性假设，西方学者对此进行了多种理论上的阐释。Jovanovic（1982）提出的“噪声”选择模型（又称“学习”理论），揭示了在市场信息不对称、不完全以及资本市场不完全的经济条件下，企业的规模与成长偏离 Gibrat 定律的内在机制。Dixit（1989）、Hopenhayn（1992）、Cabral（1995）等从沉淀成本的角度对企业规模与成长之间的负相关关系进行了解释。Colley 和 Quadrini（2001）以及 Glementi 和 Hopenhayn（2006）等构建的“融资约束”理论认为，由于金融市场的不完善以及企业和外部资金的潜在供给者之间存在信息不对称，导致外部融资市场上存在逆向选择和道德风险等问题，使企业受到融资约束，影响企业规模分布。因此，企业规模越大成长越低。

二、高科技企业成长的资源基础

企业成长对资源的需求十分迫切，高科技企业由于其研发的不确定性，具有不同于一般企业的高风险特征，在其成长过程中常常面临更多的资源约束。内生成长理论也强调核心资源和异质型资源在企业成长中的作用，但形成核心资源和异质型资源的基础仍来自于资金、人力、技术和其他无形资源。

彭罗斯认为，企业是“建立在一种管理性框架内的各类资源的集合体”，其功能则是“获取和组织人力与非人力资源、以盈利性地向市场提供产品或服务”，“企业的成长主要取决于能否更为有效地利用现有资源”（Penrose，1959）。具体来说，彭罗斯认为，企业拥有的资源状况是决定企业能力的基础。企业内部物质资源所能提供的服务及其质量，依赖于人力资源的知识拥有量，二者共同创造每个企业特有的“主观”生产机会。组织学习和知识积累会提高企业的资源积累率，资源及其服务的积累又为组织学习创造了一个基础。彭罗斯特别强调团队作业的经验积累，认为它是企业内部合作和协调的基础，可看作是企业的组织资本。正因如此，随着时间的推移而形成的管理团队是企业最有价值的资源之一，这些资源决定了企业的管理能力。

（一）资金（融资）

对企业而言，资金资源是能够直观反映企业组织实力的资源之一，更是能够成为企业持续成长、获取企业核心竞争能力的来源之一。资金资源最大的优势和特点是可以自由地转化成任何一种资源。可以用来购买人力资源、物质资源、信息资源等。所以，企业对资金的运营、控制能力决定着企业的发展水平和增长潜力，资金资源既是企业资源配置的对象，也是企业资源配置的手段。企业的成长离不开资金的融入及合理配置。

与非高科技企业不同之处在于，除日常经营活动对资金的依赖之外，高科技企业的 R&D 需要大量的资金投入，此外，由于研发活动的不确定性，高科技企业的融资具有较高风险，因此其融资活动对政策的依赖性较强。Julie 和 David（2011）的研究表明，高新技术产业更依赖于企业内部资金和政策支持来进行研发活动，而企业的内部资金常常不足以支持其 R&D 投入，尤其面对不断变化的外部环境或者企业盈利不稳定时，会对 R&D 投入产生不利影响。因此，外部融资的取得对企业的 R&D 投入有着重要的作用。大多数企业尤其是创新型企业融资困难，相关研究也表明，我国企业尤其是创新型企业普遍存在融资约束问题。如卢馨等（2013）的研究发现，我国高新技术企业存在的融资约束问题限制了企业的 R&D 投入。

然而，R&D 具有极大的风险，高投入并不一定带来高收益，R&D 成果最终成功商业化才可能真正推动企业成长，因此，企业开展 R&D 活动需要大量持续性的资金长期支持。但由于 R&D 项目的高度不确定性，以及 R&D 投入在资金供给者与需求者之间的信息不对称性，高科技企业的融资需求比非高科技企业更难得到满足，因此，政策的倾斜和支持显得尤为重要。

当前，我国高科技企业的融资方式迫切需要创新。除银行信贷、权益融资、债券融资、内源融资等一般性融资手段外，探索知识产权的质押融资是完善高科技企业融资渠道的重要途径之一，逐步建立知识产权的价值评估、发展第三方中介和担保机构等市场主体，广泛成立风险投资基金以及相应法规的建设是实现知识产权质押融资迫切需要解决的问题。

（二）人力资源

广义的人力资源包括企业管理人员、技术人员和一般员工，涵盖了企业的人力资本。人力资源是企业所有员工的知识、经验、技能和忠诚度的集合，包括企业所有员工的内部关系和外部关系资源。人是企业最特殊的一种资源，也是最不可或缺的一种资源。由于人具有思考能力和应变能力，具有相应知识和经验的员工可以更好地应对市场的变化，有效协调组织资源，做出合理的决策。人力资源比自然资源具有更大的增值空间，为企业创造更多的价值。与物质资本相比，人力资本能够为企业创造难以估量的价值。在激烈的市场竞争中，拥有高素质的员工队伍，合理的人员培养方案和薪酬制度，是构成企业核心竞争力的一个重要方面。对人力资源的合理开发和利用能够决定企业未来的成长空间，其中培训和有效的人力资源激励机制是两条重要的实现途径。

员工教育培训是企业人力资源开发最重要的形式，对企业成长的重要作用体现在以下三个方面：

第一，培训能增强员工的企业归属感和责任感。对员工培训得越充分，就越能发挥人力资源的高增值性，进而为企业创造更大效益。培训不仅提高了员工的技能，而且提高了员工对自身价值的认识，进一步激发员工学习和创造的热情，为企业长期发展奠定基础。

第二，培训能促进企业与员工、管理层与员工的双向沟通，增强企业向心力和凝聚力，塑造良好的企业文化，使员工对工作目标有更清晰的认识。

第三，培训能提高员工技能和综合素质，提高工作绩效、生产效率和服务水平，树立企业良好形象，增强企业盈利能力。

人力资源激励是充分发挥员工主观能动性、发挥员工自我价值并为企业创造最大价值的保障。有效的人力资源激励机制可以激发员工的工作积极性和潜能，是增强企业凝聚力的重要手段，是企业持续成长的基石。员工激励从内容上看主要包括薪酬激励（包括工资、福利和股权激励等）、精神激励（如表扬、荣誉和慰问等）和工作激励（如工作环境、带薪休假、授权、员工发展计划和晋升等）；从性质上看主要包括有形激励与无形激励；从对象上看包括个人激励和团队激励，科学有效的激励机制应该多种形式交叉结合。建立有效的人力资源激励机制首先要有明晰的岗位职责划分；

其次要有合理的薪酬体系；再次要有科学的绩效评估与考核机制；最后要有沟通、反馈与纠偏机制。

（三）技术资源

钱德勒在《看得见的手——美国企业的管理革命》一书中最早提出了技术是企业成长的根本，卡尔的技术创新理论也肯定了技术的重要性，拥有独特技术是高科技企业持续成长的基础。企业技术资源包括产品技术和工艺技术，这些资源影响到企业新产品或业务的开发，有时甚至主导行业标准，是企业开拓新市场和实施差异化战略的关键。

核心技术因其具有价值和难以模仿，在高科技企业成长中的作用毋庸置疑，具体体现在新产品的研发、性能的提升、成本的下降等方面。但技术分散在不同技术人员的头脑中和以独立模块存在，在企业中发挥作用需要进行技术的组织关联，或者说需要做好技术管理。一个新产品由不同的技术组成，除部分新技术外，还应包含大量原有技术，一个新产品的开发通常包含30%的创新，而余下的70%都应该有现成的技术模块可借鉴。高科技企业应该做好技术资源的分类管理，在制订好新产品开发或产品改进计划的基础上，按计划快速与原有技术模块对应、拼装起来，加上新开发的技术，就可以像搭积木一样快速、低风险地完成产品开发。然而，目前国内企业的技术管理远没有达到实施产品开发所需要的快速拼装效果，技术的应用效率低下，其原因既与企业的管理能力不足有关，也与政策法规等外部环境因素制约有关。

企业技术资源由于其专有性、能够解决特定实际问题，往往具有独特的经济价值，需要做好保护保密工作，这也是技术管理的重要组成部分。高科技企业技术保护应该设置管理机构，明确技术保护的归口部门及职责，制定技术保密措施。保密措施包括：保护范围、技术的密级、保密期限及其变更规定；相关人员的保密协议等文件的形式与内容规定；技术存放、使用、转移等规定；对涉密场所的保密措施的规定；相关法律责任的规定；等等。

（四）其他无形资源

除技术外，企业品牌、信息、关系资源和社会资源等各种其他无形资源也是支撑企业持续发展的基础，在企业成长过程中发挥着独特作用，有时甚至超过企业的有形资源成为企业核心竞争力的决定因素。

企业品牌是由一系列表明企业或企业产品身份的无形因素所组成的资源，其中，商誉和商标是品牌资源的主要形式。品牌资源又可细分为产品品牌、服务品牌和企业品牌三类。优质的品牌资源是企业长期累积形成的重要无形资产，在维系顾客忠诚、开拓新市场、推广新产品等方面具有无可比拟的优势。

信息资源是指各种与企业经营有关的情报资料，包括客户数据、行业资讯、竞争对手信息以及企业生产经营的历史数据等。信息资源在企业的资源结构中起着支持和参照作用，具有普遍性、共享性、增值性、可处理性和多效用性等特征，是高科技企业了解市场和竞争对手、服务和发展客户、制定发展战略必不可少的关键要素。

关系资源是指企业在长期经营过程中与客户、政府、社区等个人或组织之间形成的各种良好关系，属于可以利用的企业外部资源。良好的关系资源能够对企业发展产生巨大的促进和推动作用，其中客户关系资源是维系企业生存和发展的重要保证。企业与客户在长期良好合作的基础上建立起顾客忠诚，是构成企业竞争优势的一项重要资源，企业应做好客户关系管理，充分发挥企业的关系资源优势。

社会资源主要指社会中可供自己利用、能够为企业带来优势或经营帮助的事件或人物，特别是现实社会中的名人、名物和各种有影响的事件。社会资源因其广阔的社会效应，往往可以成为企业快速成长的催化剂。例如，现实经营中，很多企业不惜重金聘请各种名人为自己的企业题词或是做代言，从而帮助企业在市场上形成广告效应，以谋取更多的经济效益。

第二节 高科技企业成长的外部环境因素

内部资源和能力是企业成长的基础，但内部资源发挥作用往往受外部环境影响和制约。企业成长战略的制定需要做好内外环境分析，了解自身的优势、劣势、机会和威胁，并根据企业外部环境的变化随时进行调整。影响高科技企业成长的外部环境因素可以划分为宏观经济环境、生态环境和市场环境。

一、宏观经济周期与行业生命周期

宏观经济环境和行业景气周期直接影响企业的投入与产出行为，企业无法决定它的外部环境，但可以通过内部变革积极适应外部环境的变化，以增强自身活力、扩大市场占有率。企业管理者对经济周期波动必须了解、把握，并能制定相应的对策来适应周期的波动，否则将在波动中丧失生机。

（一）宏观经济周期

经济周期也称景气循环周期，是指经济活动所经历的有规律的交替扩张和收缩的周期性变化过程。每一个经济周期都可以分为上升和下降两个阶段。上升阶段初期为复苏阶段，之后进入繁荣期，最高点称为顶峰，顶峰也是经济由盛转衰的转折点，此后经济进入下降阶段，下降的初始阶段即衰退期，衰退严重则经济进入萧条期。衰退的最低点称为谷底，谷底也是经济由衰转盛的一个转折点，此后经济进入新一轮上升阶段。经济从一个顶峰到另一个顶峰，或者从一个谷底到另一个谷底，是一次完整的经济周期。

经济周期波动的扩张阶段，是宏观经济环境和市场环境日益活跃的季节。此时，市场需求旺盛、投资扩张，订货饱满、商品畅销。企业的产、供、销和人、财、物都比较好安排。企业处于较为宽松有利的外部环境中。当经济进入衰退阶段，生产相对过剩、需求不足、投资急剧下降，对劳动的需求和产出下降、销售量和价格低落，企业盈利水平极低，生产萎缩，甚至出现企业大量破产倒闭、失业率增大。

经济周期的不同阶段，市场需求存在极大差异，企业必须根据所处的经济周期阶段制定和实施不同的战略。在经济繁荣之前的起飞阶段，需求逐渐转旺，此时应实施扩张战略；当经济出现衰退之前企业应实施收缩型战略；在经济萧条阶段企业必须实施自我保护战略；在经济出现复苏之前应实施稳健策略。只有根据宏观经济环境的变化及时调整战略，企业才能得以生存并持续成长。

（二）行业生命周期

行业生命周期又称产业生命周期，是指一个产业经历的由成长到衰退的演变过程，一般分为初创阶段、成长阶段、成熟阶段和衰退阶段四个阶段。由于产业生命周期是影响企业成长的重要外部环境因素，因此产业生命周期理论自诞生之日起就受到经济学和管理学研究者的极大关注，迈克尔·波特（1997）在《竞争战略》一书中论述了新兴产业、成熟产业和衰退产业中企业的竞争战略；John Londregan（1990）则构建了产业生命周期不同阶段企业竞争的理论模型。高科技企业只有认清自身所在产业所处的生命周期阶段及所处产业价值链中的地位，才能做出明确的企业战略定位，并根据产业生命周期的阶段性变化选择相应的成长战略。

第一，产业初创阶段。产业初创期也称幼稚期，由于新产业诞生不久，只有为数不多的创业公司投资这一新兴产业。由于初创阶段行业的创立投资和产品的研发费用较高，而市场对产品和服务缺乏了解，因而需求小、销售收入低，创业公司盈利少甚至普遍亏损，创业公司面临极大的投资风险。产业初创阶段，技术上存在很大的不确定性，在产品、市场、服务等策略上有较大的余地，对行业特点、行业竞争状况、用户特点等方面的信息掌握不多，企业进入壁垒较低。在初创阶段后期，随着行业生产技术的提高、生产成本的降低和市场需求的扩大，新行业逐步由高风险、低收益的初创期转向高风险、高收益的成长期。因此，产业初创阶段，企业应选择吸引客户、迅速占领市场的策略。

第二，产业成长阶段。产业成长阶段，产品或服务经过广泛宣传和消费者的试用体验，逐渐受到市场欢迎，市场需求开始上升，新产业随之繁荣。由于市场前景良好，投资大量增加，产品由单一、低质、高价逐步向多样、优质和低价发展，同行之间出现相互竞争局面。这种状况的继续导致厂商随着市场竞争的不断发展和产品产量的不断增加，市场的需求日趋饱和，此时经营管理往往成为企业能否进一步成长的决定因素。在成长阶段的后期，由于产业中生产厂商与产品竞争优胜劣汰规律的作用，市场上厂商的数量在大幅度下降之后便开始稳定下来，整个行业开始进入稳定期。在成长阶段，由于受不确定因素的影响较少，产业的波动也较小。此时，投资者蒙受经营失败而导致投资损失的可能性大大降低，因此，产业成长期为产业内的企业提供了持续成长机会，此时应选择迅速扩大规模、提高技术、降低成本的战略。

第三，产业成熟阶段。产业的成熟阶段是一个相对较长的时期。在这一时期里，在竞争中生存下来的少数大厂商垄断了整个行业市场，每个厂商都占有一定比例的市场份额。由于彼此势均力敌，市场份额比例发生变化的程度较小。厂商与产品之间的竞争手段逐渐从价格手段转向各种非价格手段，如提高质量、改善性能和加强售后维修服务等。产业的利润由于一定程度的垄断达到了很高的水平，而风险却因市场比例比较稳定、新企业难以进入而降低，一部分企业往往由于创业投资无法很快得到补偿或产品的销路不畅、资金周转困难而倒闭或转产。在产业成熟阶段，产业内行业增长速度下降到一个更加适度的水平。在某些情况下，整个产业的增长可能完全停止甚至出现下降。由于丧失其资本的增长，致使产业的发展很难较好地保持与国民经济同步增长，当经济总量减少时，产业甚至蒙受更大的损失，但由于技术创新的原因，产业中的某些企业或许还会有新的增长。产业成熟期的特征表现为市场增长率不高，需求增长率不高，技术上已经成熟，买方市场形成，行业竞争激烈、盈利能力下降，新产品和产品的新用途开发更为困难，此时企业应选择调整产品结构、谋求创新、廉价收购兼并等策略。

第四，产业衰退阶段。这一时期出现在较长的稳定阶段后。由于新产品和大量替代品的出现，原产业的市场需求开始逐渐减少，销售量开始下降，某些厂商开始向其他更有利可图的产业转移资金。因而原产业出现了厂商数目减少、利润下降的萧条景象。至此，整个产业便进入了生命周期的最后阶段。在衰退阶段，厂商的数目逐步减少，市场逐渐萎缩，整个产业利润率大幅下降。当正常利润无法维持或现有投资折旧完毕后，整个产业便逐渐解体。产业衰退阶段的特征为市场增长率下降、需求下降、产品品种及竞争者数目减少，此阶段企业应选择退出和产业转型进行二次创业的策略。

二、政策法律环境

高科技企业成长的政策法律环境指不能由企业控制，但对企业成长存在直接或间接影响、由国家或地区出台的有关社会经济发展的一系列方针政策和法律法规体系，包括法律法规政策和产业政策等。

（一）法规政策环境

国家为支持和规范社会经济发展，往往会制定相应的政策法律法规，这些与社会、经济和技术发展有关的制度体系从大的方向上决定了企业的成长，构成了企业成长的法规政策环境。涉及法律体系、投融资、进出口贸易、知识产权保护、税收、政府配套服务等各方面。

企业作为市场主体，要想在市场竞争中生存发展，离不开良好的政策法律环境，尤其对于高科技企业。健全的法律法规体系及良好的政策执行能力为企业成长提供了保障，可以推动和引导企业良性发展，发达国家在这些方面也有着成功的经验和实践。近年来，为实施创新驱动的国家战略，国家密集出台了一系列支持和促进高科技企业发展的相关法规政策（见表 3-1、表 3-2），涉及财政资金、税收、金融、市场中介、科技人才和科技体制等方面。

表 3-1　近年来国家出台的支持高科技企业发展的法规政策

文件名称	实施或发布时间	最新修订时间
中华人民共和国企业所得税法	2008 年 1 月	2017 年 3 月
中华人民共和国企业所得税法实施条例	2008 年 1 月	
高新技术企业认定管理办法		2016 年 1 月
高新技术企业认定管理工作指引		2016 年 1 月
国家高技术产业发展项目管理办法	2014 年 8 月	
国家创新驱动发展战略纲要	2016 年 5 月	
国家中长期科学和技术发展规划纲要（2006~2020 年）	2006 年 2 月	
“十三五”国家科技创新规划	2016 年 8 月	
中华人民共和国科学技术进步法	2008 年 7 月	
国家中长期人才发展规划纲要（2010~2020 年）	2010 年 6 月	
国家中长期科技人才发展规划（2010~2020 年）	2011 年 7 月	
“十三五”国家科技人才发展规划	2017 年 4 月	
科技企业孵化器认定和管理办法		2010 年 11 月
国家科技企业孵化器“十三五”发展规划	2017 年 7 月	
“十三五”技术市场发展专项规划	2017 年 6 月	
关于深化科技体制改革　加快国家创新体系建设的意见	2012 年 9 月	
深化科技体制改革实施方案	2015 年 9 月	
国家科技重大专项（民口）管理规定	2017 年 6 月	
国家重点研发计划管理暂行办法	2017 年 6 月	

表 3-2 近年来国家出台的支持高科技企业发展的财政税收政策

文件名称	实施或发布时间	最新修订时间
科技型中小企业技术创新基金项目	每年申报审批	
关于创业投资企业和天使投资个人有关税收政策的通知		2018 年 7 月
关于"十三五"期间支持科技创新进口税收政策的通知	2017 年 1 月	
关于科技企业孵化器税收政策的通知	2016 年 8 月	
关于国家大学科技园税收政策的通知	2017 年 1 月	
关于将国家自主创新示范区有关税收试点政策推广到全国范围实施的通知		2017 年 1 月
关于完善研究开发费用税前加计扣除政策的通知		2017 年 1 月
关于完善股权激励和技术入股有关所得税政策的通知		2017 年 1 月
关于将技术先进型服务企业所得税政策推广至全国实施的通知	2017 年 11 月	
关于"十三五"期间支持科技创新进口税收政策的通知	2016 年 12 月	

（二）发达国家支持高科技产业发展的政策与成功经验

第一，政府管理。为了充分发挥国家和政府在高科技产业发展中的引导作用，很多国家成立了专门的管理机构。美国、法国、韩国等国家均形成了在政府最高行政长官领导下的科技领导决策机制，决策者主要包括政府官员，产、学、研等多方高级权威，建立科技顾问机构，指导国家科技发展目标规划及实施。如美国在 1993 年成立了国家科学技术委员会，委员会由来自企业、大学和非政府组织的专家组成，下设 9 个专业委员会，分管全国科研、技术开发、国际合作及教育培训事务，并对联邦科研预算提出建议，为科技政策的制定提供咨询和建议。德国在 1995 年成立了研究、技术与创新委员会，由来自政府、教育、经济和重要行业工会的成员组成。日本政府为了鼓励民众参与国家科技决策，不断改革科技会议，使之成为由社会多方参与的国家最高科技决策和咨询审议机构。英国于 1993 年在首相办公室内增设了科学技术办公室，由首相首席科学顾问任办公室主任，依靠专家管理全国的科技事务。

第二，政策制定。发达国家及地区为扶持高新技术产业发展，在法律、财政与税收等方面都提供了极大支持。日本、韩国专门针对高科技园区和高新技术企业的发展颁布了相关法令，如日本的《高技术产业智密区开发促进法》；韩国的《高技术工业都市开发促进法案》；美国颁布实施的《国家科学技术政策、机构和优先目标法》《小企业创新研究法》；法国设立的《风险投资共同基金》。各国政府为促进高新企业发展提供了多种形式的财政支持，形式如财政补贴、国家直接投资研究项目、高科技园基础设施建设等。

第三，税收优惠。税收优惠和减免也是世界各国为支持高科技企业发展普遍采用的手段。日本政府在《促进基础技术开发税制》中规定，对于购置用于基础技术开发的资产，减免7%的税金；美国政府参与制定的《企业扩展计划》中规定，新创办的小企业可以减免100%的资本税和60%的投资税；巴西政府规定科技投入超过企业利润5%的企业可免交产品税，允许企业把所欠税款的80%投资于研究和开发。

第四，资金支持。在对高技术企业的资金支持政策方面，不同的国家和地区采用了不同的方式。除了常规的方法外，有些国家为了帮助企业发展，专门设立了基金或者规定银行向高技术企业提供低息贷款。法国专门设立了“工业发展基金”，主要为中小企业低利率融资提供便利。日本由工业发展开发银行提供长达15年的低息贷款，支持高科技园区内的企业发展。英国针对私营性质的高技术企业也提供了信贷优惠，企业可以通过银行透支、贸易信贷等方式获得基金，用于短期使用，还可以通过财产抵押、银行信贷、自发信用债、发行股票等方式获得中长期资金。

三、市场生态环境

高科技企业成长的市场生态环境是指在政府的政策法规之外，

为产品生产提供要素和服务的各种市场共同形成的交易环境，包括产业集聚态势、人才环境生态、融资生态和中介服务市场生态等。

（一）区域高科技产业集聚生态

产业集聚是某一产业在地理空间上的集聚式分布。与零散化分散布局相比，产业链的集中纵向分解布局使企业与企业之间的交易联系及分工协作关系更加紧密。产业内的企业在特定地域范围内集中后，通过支持配套中间产业、开发专业劳动力市场和促进知识与技术溢出效应等渠道，可以产生规模收益递增效应和广泛的外部经济效应。产业集聚带来的创新效应和溢出效应有利于促进集群内的企业持续创新。产业集聚具有极强的内生协同发展动力，更易获取区域竞争优势，是高科技产业发展的重要因素。

广义的产业集聚生态包括两方面：一方面，指一系列微观主体之间的密切关联与多元化的关系，如原材料供应商、中间商、竞争对手、消费者、政府部门、行业协会、人力资源、科研机构、金融机构等；另一方面，指影响企业生存与发展的宏观公共环境、区域的外部环境。后者已在前一小节中政策法规环境中提出，此处专指前者。

产业集聚生态环境理念主要突出内部成员之间的合作竞争与协同进化关系，具体体现在两个层次：一是在产业链上形成的一定程度的专业化分工与社会化协作。大量不同规模层次的企业构成高度灵活的专业化生产协作产业链，上下游产业链间具有极强的关联性和内生协同性。这种集聚现象在资源、人才、交易效率、贸易、技术、经验等方面形成了高效的竞争与合作关系，形成类似于自然生态系统的共生互补的生物种群。二是为产业链提供服务协作的生态网络，如物流服务供应商、融资机构、相关技术研发机构和中介服务机构等，与产业链的企业形成协同进化关系，是产业集聚发展与演进必不可少的组成部分。

（二）人才市场环境

人才属于高层次人力资本，其市场环境直接决定了人才供给的数量与质量以及如何更好地满足高科技企业的人才需求，是制约高科技企业成长的一个关键因素。人才环境包括人才市场的发育程度以及人才开发的外部文化、政策环境。其中后者包含在前节的政策法规环境中，此处仅分析影响高科技企业成长的人才市场环境。

人才市场在人才资源的配置中发挥基础性的作用，其发育程度由人才的生产供给者、人才提供的中介市场和人才专业服务机构共同决定。人才的生产者主要是高校、承担人才培养的科研院所及人才培训机构，其直接决定了人才的数量与质量。人才提供的中介机构即通常所说的狭义人才市场，是连接人才与需求方的中间纽带，人才市场既提供了人才供需的数量与结构信息，也反向指引人才培养规划的制定与调整。人才专业服务机构则为高科技企业提供人才测评、人才猎头、人才代理等专门服务，是人才市场高度发育的重要标志。

（三）融资生态环境

融资生态环境是指为高科技企业提供融资支持与服务的政策环境和服务机构体系。由于高科技企业成长过程中资金需求的独特性，客观上需要融资渠道畅通性和多样化，构建融资支持的政策体系和融资渠道体系，是支持高科技发展需要重点解决的问题。

1. 要构建多种融资渠道

第一，对于一般性商业银行，通过政策规定金融机构对高科技企业的融资比例。

第二，组建专门面向中小高科技企业的融资公司，为那些具有成长潜力又无法从商业银行得到贷款的成长型中小高科技企业提供支持。

第三，由政府成立面向高科技企业的政策性金融机构，资金来源可通过财政担保、发债的方式来解决。

第四，由于高科技企业的高投入、高风险、高收益特点符合风险资本的投资风格，鼓励民间资本成立风险投资基金。

第五，由财政出资直接成立高科技产业发展基金，资助符合国家科技发展战略的高科技项目。

第六，支持高科技企业上市直接融资。

第七，票据融资、租赁融资等融资渠道也是高科技企业的融资来源。

2. 要创新面向高科技企业的多样化融资形式

如对知识产权进行价值和风险评估，纳入融资抵押标的；推出适合高新技术产业项目的信用债品种等。融资方式创新有赖于金融市场的高度发达，构建信用体系和金融风险评价与监控体系、丰富各类金融产品交易市场、培育市场中介是发展和完善我国金融市场迫切需要解决的问题。

（四）其他中介服务生态

在企业与市场之间，资源整合、配置需要专业化的中间机构，尤其对于中小高科技企业，构建良好的中介服务生态有利于高新技术产业的迅速成长。除了人才服务和融资生态环境外，还应大力发展与高科技企业成长有关的其他中介服务机构，如知识产权交易服务中介、技术开发与成果转化中介、高新技术认定中介、专利申请中介等，为高科技企业提供全方位、高水平的咨询服务。

中小高科技企业在发展中会遇到许多问题，如融资筹资问题、投资决策问题、技术开发与推广问题、生产实施问题、经营管理问题、企业品牌形象问题等，都不能完全靠中小企业自身解决，需要得到专业化中介咨询服务机构的帮助。当前，面向我国高科技企业的中介服务生态体系存在较大问题，中小企业对中介机构的信任关系和市场需求没有建立起来。原因主要是中介服务自身的问题：一是中介服务机构自身不规范，服务水平参差不齐。尽管中介机构数量众多，但许多中介机构高水平的专业人员缺乏、自身水平不足，其提供的咨询服务难以成为企业决策的依据，导致许多中小企业不愿意利用中介组织。二是由于进入门槛低、市场无序和管理不规范，以及中介咨询服务质量的好坏难以界定评判，往往难以得到企业信任，双方在咨询服务费用方面难以达成一致。因此，规范完善高科技企业的中介服务市场生态体系，为高科技产业健康快速成长提供重要支撑，已成为管理者亟待解决的问题。

第三节　高科技企业成长的资金运营影响要素

影响高科技企业成长的因素既有企业内部因素，也有外部政策环境因素，由于企业千差万别，每一个高科技企业的成长轨迹和背后的决定因素各不相同，但最终都通过产出的高速增长体现出来，这种产出的高速增长相应地对财务资金的运营提出要求。也就是说，高科技企业成长体现在资金运营方面必然具备一定的特征或规律。从资金的运行来源及使用去向看，企业资金运营包括资金筹集、债务偿还、资金运转效率、资金使用效益等方面，在有些研究中，还包括了发展与扩张能力要素，由于发展与扩张能力已基本上体现在增长速度中，而增长是本书受影响因素（被解释变量）。因此，在研究哪些资金要素影响高科技企业成长绩效时，不应将以收入表示的发展与扩张能力要素作为影响因素。

一、资金筹集

企业的筹资活动是指企业作为筹资主体，根据其生产经营、对外投资和调整资本结构等需要，通过各种渠道和筹资方式，经济有效地筹措和集中资本的活动。通过分析企业的筹资活动，可以判断企业资金来源的合理性，对企业采取的筹资策略进行客观评价，从而有助于管理层做出正确决策。企业的资金筹集业务按资金来源分为内源筹资和外源筹资，其中内源筹资是指企业不断将自己的储蓄（主要包括留存盈利、折旧和定额负债）转化为投资的过程；外源筹资是指企业通过一定方式向企业之外的其他经济主体筹集资金，通常分为所有者权益筹资和负债筹资。本书所指筹融资专指外源筹资。

所有者权益筹资形成所有者的权益（通常称为权益资本），包括投资者的投资（含发行股票筹集的资金）及其增值（含未分配利润、资本公积和盈余公积金），这部分资本的所有者既享有企业的经营收益，也承担企业的经营风险；负债筹资形成债权人的权益（通常称为债务资本），主要包括企业向债权人借入的资金和结算形成的负债资金等，这部分资本的所有者享有按约收回本金和利息的权利。

为了反映企业资金筹集来源构成，可以使用负债资本与权益资本之比指标即产权比率进行反映，这一指标同时也一定程度上反映了企业的资金运用杠杆。对于中小企业而言，其资金来源渠道相对单一，因此，保持高成长通常需要较高的杠杆率。

二、偿债能力

偿债能力反映企业现有资产或现金对于债务偿还的保障程度。通常而言，企业的偿债能力越强，其债务偿还越有保障，同时也表明其运营资金越充沛，到期发生无法偿债风险的可能性越低。偿债能力越强，一定程度上也表明企业可持续经营的能力越强，因此一定的偿债能力为企业持续高成长提供了保障。除了需要从负债总额与水平方面考核企业的偿还能力外，还应从负债结构方面对企业的债务偿还能力进行考核。企业负债按期限划分，可分为长期负债和短期负债，长短期负债结构分配要求企业在资产配置结构方面必须保持相应的一致性，这也是考核企业债务偿还能力的一个方面。

常见的反映企业偿债能力的指标主要有资产负债率、流动比率、速动比率、长期资本负债比率、有形资产负债率等，一般表示为企业现有资产相对于短期或长期负债的偿还能力。而企业用于偿还负债的主要资金来源包括经营所得（盈余公积或未分配利润）、资产折旧摊销（计入企业成本费用的固定资产折旧或无形资产摊销）、所有者投入、受捐赠所得等形式。更高的债务率意味着企业在融资方面受到约束，也反映了企业在盈利和偿付方面的风险，因此，保持适当的债务率是企业持续经营的保证。

短期偿债能力是以流动资产对流动负债及时足额偿还的保证程度，以比值体现。比如流动比率表示为流动资产对流动负债的比值。短期偿债能力有一个重要的特点，即要求资产偿付的及时性，所以要求考核资产的变现能力。当企业流动资产中包含大量变现能力较差的存货时，其偿付及时性将减弱，此时用速动比率（(流动资产－存货净额）/流动负债）衡量偿债能力更合适。如果认为速动比率也不太合适时，更加保守的做法是用现金比率来衡量，用现金或现金等价物除以流动负债，判断现有现金是否足以偿债。所以不同的指标选择，可能得到不同的偿债能力结果。

（1）资产负债率：表示企业总资产中是有多少通过负债来取得的，是评价企业总体负债水平的综合指标。

（2）流动比率：表示为流动资产对流动负债的比值。从流动资产方面反映及时偿还流动负债的保证程度，属于反映短期偿债能力的指标。

（3）速动比率：表示为（流动资产－存货净额）/流动负债。是从流动资产中剔除变现能力差的存货后，衡量企业流动负债的及时偿还能力。

（4）长期资本负债率：指企业长期债务与长期资本的比率，也称为长期资本化比率。长期资本负债率反映企业的长期资本的结构，由于流动负债的数额经常变化，资本结构管理大多使用长期资本结构。其中长期资本等于非流动负债与股东权益之和；长期负债包括长期借款、应付债券、长期应付款、预计负债；等等。

（5）有形资产负债率：有形资产负债率是负债总额与总资产扣除无形资产之后余额的比值。该指标主要是考虑到无形资产（含递延资产）价值的不确定性以及沉没性，不能较好作为偿还债务的保障。其中，有形资产总额＝资产总额－待摊费用－待处理财产损溢－长期待摊费用－无形资产－递延资产。

三、资金运转效率

企业资金从筹集、投入使用到回收整个过程表示一个完整的生产经营周期，一个生产经营周期的效率越高表明资金运用越充分。在资金存量一定的情况下，成长速度越高，通常要求资金的运转效率也越高。

衡量资金运转效率的指标主要有存货周转率、应收账款周转率、总资产周转率、流动资产周转率等。

（1）存货周转率：存货周转率是企业一定时期销售收入（或成本）与平均存货余额的比率。用于反映存货的周转速度，即存货的流动性及存货资金占用量是否合理，促使企业在保证生产经营连续性的同时，提高资金的使用效率，增强企业的短期偿债能力。

（2）应收账款周转率：反映应收账款周转速度，表示为一定期间内赊销收入净额与应收账款平均余额的比值，也叫作应收账款周转次数，该比率越大，表明企业应收账款运用效率越高。这不仅有利于企业及时收回赊账，也可减少或避免坏账的发生，进而提高企业资产的流动性。

（3）总资产周转率：指企业在一定时期业务收入净额同平均资产总额的比率。总资产周转率是综合评价企业全部资产的经营质量和利用效率的重要指标。周转率越高，说明总资产周转越快，反映出销售能力越强。企业可以通过薄利多销的办法，加速资产的周转，带来利润绝对额的增加。

（4）流动资产周转率：流动资产周转率指企业一定时期内主营业务收入净额同平均流动资产总额的比率，流动资产周转率是评价企业资产利用率的一个重要指标。

四、资金运营效益

资金运营的最终目的是为企业带来盈利，以保证企业长期生存和发展。资金运营效益是公司获取利润、保证资本增值的能力，是反映企业经营成果和经营效益的关键指标。

常见的反映企业盈利能力的指标包括总资产利润率、净资产收益率、营业利润率、主营业务利润率、成本费用利润率、销售净利率。对于分析者而言，不同的盈利能力指标反映了企业不同层次、不同经营方向的盈利状况。

（1）总资产利润率：又称总资产报酬率，是利润总额与平均资产总额之比，反映企业利用资金进行盈利活动的基本能力，但总资产利润率并不能最终决定或衡量企业的盈利能力，还要进一步结合其他盈利能力指标才能对企业的营运效益加以考核。

（2）净资产收益率：又称股东权益报酬率、净资产利润率，是税后利润除以净资产得到的百分比率，该指标反映股东权益的收益水平，用以衡量公司运用自有资本获得净收益的能力。

（3）营业利润率：是营业利润与营业收入的比率。反映了在考虑营业成本的情况下，企业管理者通过经营获取利润的能力。

（4）主营业务利润率：是主营业务利润同主营业务收入净额的比率。它表明企业每单位主营业务收入能带来多少利润，反映了企业主营业务的获利能力，是评价企业经营效益的主要指标。

（5）成本费用利润率：是利润总额与成本、费用总额的比率。其中，成本费用一般指主营业务成本及附加和三项期间费用（即经营费用、管理费用 、财务费用）。成本费用利润率指标表明每付出单位成本费用可获得多少利润，体现了经营耗费带来的资金运营成果。

（6）销售净利率：是净利润占销售收入的百分比。表明企业每百元销售收入可实现的净利润，从销售角度反映了企业资金经营的获利能力。

五、现金流量

现金流是经营周期内现金流入与流出的全部收付数量，现金流量按来源性质不同分为经营活动产生的现金流量、投资活动产生的现金流量和筹资活动产生的现金流量，其中经营现金流量单纯反映日常经营活动的现金流量来源。现金流量是公司持续运营的保障，弥补了利润指标易操纵的不足，比利润指标更能反映企业经营的质量。保持足够的现金流量是企业长期生存发展的基本要求。现金流量通常与企业的经营规模相关，为消除因企业规模不同而产生的现金流量不可比，结合其他规模类指标构建以下三种指标反映企业现金流量的质量。

（1）净利现金比：是企业净利润与经营现金净流量之比，反映了企业盈利的质量。通常情况下，该比率越大说明企业盈利质量越高。

（2）现金流动负债比：是经营现金净流量与流动负债之比，从当期现金流量角度反映企业短期债务偿还能力。该指标越大，表明企业按期偿还短期债务的能力越强，但该指标过大则表明企业流动资金利用不充分。

（3）现金流动资产比：是经营现金净流量与流动资产之比，反映流动资产为企业创造现金流量的能力。指标越大表明流动资产质量越高、产生现金流能力越强。

第四章

高科技企业成长性度量与评价

由于对企业成长存在不同的理解，反映到成长性的评价方面就有不同的评价指标、评价方法和评价结果。无论是从量的角度理解，还是从质与量统一的角度理解，企业成长的本质首先表现为规模也就是量的扩大，质的改善固然是企业成长的持续动力，但最终目的仍然是为量扩大服务，因此对企业成长的评价应该体现成长最本质的一面。需要注意的是，成长性评价不等于竞争力评价、绩效评价或经济效益评价，成长性是对企业质或量上实际改变的一种动态考察，而后者并不体现动态改变，仅仅是某一个时期经营结果或能力的静态评价，两者从评价内容上也不完全等同。对高科技企业成长性的评价要考虑评价指标和评价方法两方面的问题，如何选取均与评价目的有关。

第一节　成长性度量与评价指标

一、度量与评价指标选取原则

从企业成长性的定义可知，一个企业的成长性具有持续性、波动性、动态性、扩张性、效益性等特征，不同的特征需要用不同的指标表示。因此，成长性评价指标的选取应该包括能反映公司上述特征的指标。对企业成长性进行评价会有相应的出发点或目的，评价目的不同，在指标选取和评价方法上会有差异，尽管如此，成长性评价指标的选取仍需遵循以下原则。

（一）本质性原则

企业成长既是一个过程或一种能力，也是一种结果，但企业成长结果体现为规模的扩张，因此，结果比过程或能力更能反映成长的本质。而反映企业规模特征的指标众多，如一定时期的生产经营成果、生产能力、企业的市场价值和市场地位等，即使同一维度也存在众多不同指标，比如反映经营成果的指标有产量、产值、营业收入、利润等。企业在不同时期会因发展战略不同而对经营成果有不同要求，不同的利益相关者关注的侧重点也会不同，在众多度量指标中应选择最能反映企业成长本质特征的指标。

（二）动态相对性原则

企业成长是一个动态过程，是一种速度的体现，速度具有相对性，既可以进行自身的纵向比较，也可以横向与其他组织或参照物相对比较，因此，反映企业成长的指标应属于动态相对指标。企业的规模和能力本身只是某一时间上的一种状态，需要进行比较转化为速度。营业收入、员工人数、利润等指标本身虽然反映了规模，但未能反映规模的变化，需要转化为营业收入增长率、员工人数增长率、利润增长率等指标才能体现成长的动态相对特征，即速度上的快慢。

（三）有效性原则

有效性是指所选取的指标应能准确反映企业成长方面的特征。有些指标虽然与企业成长相关，但并不能很好地反映企业成长体现在规模的量变和质变方面的特征。比如，与收入类指标相比，盈利类指标的波动性远远超过收入指标，在反映企业成长方面盈利指标不如收入指标有效。盈利指标中，主营业务利润又比净利润有效；

收入指标中，主营业务收入也比营业收入有效。

（四）易获性原则

易获性即反映企业成长特征的指标可以量化并容易获取。比如，管理能力和创新能力难以准确量化；市场占有率指标虽然也可以反映企业规模，但难以获得数据；企业市场价值指标对于上市公司而言可以通过股票市场价格取得，但对于非上市公司而言则难以量化。收入指标对于任何企业都容易获得，但成本指标则属于非公开的商业秘密。

（五）一致性原则

由于指标存在方向维度，有正指标和逆指标之分，在定量评价成长性时所选取的评价指标的变化方向应该与成长方向保持吻合，特别是使用综合评价方法度量成长性时，所有指标应保持方向上的一致性，因此需要将逆指标反向处理为正指标，保证度量结果的准确可靠。比如，收入、利润、资产等均属于正指标，指标变化越快代表成长性越好；而应收账款周转天数则属于逆指标，指标越小越好。如果同时使用正指标和逆指标，则需要将逆指标反向处理（如倒数处理），这样才能体现出整体一致性。

二、成长性评价指标类型及比较

（一）生产经营成果类指标

（1）实物指标：产量。对于生产不同性质产品的企业，其不同产品产量不能相加，且未反映服务类成果，优点是不受价格因素影响。

（2）收入指标：营业收入、主营业务收入、销售收入。其中，营业收入比主营业务收入和销售收入范围更广。

（3）利税指标：利润总额、净利润、营业利润、主营业务利润、利税总额。

（4）市场占有率：从行业地位角度反映企业规模，但不同行业难以对比。

相比较而言，产量和收入指标反映的成果涵盖了各方利益主体，特别是包含了社会贡献，而利润则未能反映企业成长的社会属性或对社会发展的贡献。产量与收入相比，前者属于实物量指标，不受市场价格变化干扰；收入属于价值量指标，虽然解决了不同实物量指标不能相加的问题，但容易受价格因素影响。对于有些企业而言，市场占有率无法计算。

（二）产能类指标

（1）资产指标：总资产、净资产（或所有者权益）、流动资产、固定资产。

（2）员工人数：员工人数从人力资源要素的角度反映企业规模。

（三）市场价值类指标

（1）企业总价值：对上市公司而言即总市值，非上市公司则需要专门评估。

（2）市净率：即公司股票价格与每股净资产的比值，该指标不能用于非上市公司。

（3）托宾 Q 值：企业市价/企业的重置成本，由于市价是企业成长结果的反映，该指标也一定程度上反映了公司的成长。

（四）不同成长类型指标比较

在评价企业成长性方面，不同类型的指标各有优缺点。生产经营成果类指标反映了企业在一定时期的实际经营成果，是企业成长结果的实际度量，涵盖了所有内外因素的影响；产能类指标则只代表企业可能的规模，既未考虑环境因素的影响，也不能反映管理和技术进步对企业实际产出的可能影响；市场价值类指标包含了未来预期因素，且频繁受股票价格变动影响，往往高估或低估企业的实际价值。

企业成长的价值类度量指标众多，但受价格因素的影响，同样的产量会因价格不同而有不同的价值，此时，用价值类指标度量的结果不符合实际情况；实物量成长指标如员工人数、产量等虽然消除了价格影响，但不同性质的企业往往不能相互比较，在效能方面又不如价值类指标。

正因为上述原因，在企业成长度量指标的选择上理论和实践界均存在一定分歧和不同主张，这也是造成企业成长问题研究结论多样化的原因之一。

三、成长性评价指标的关联性问题

虽然企业成长评价指标众多，但指标之间通常存在一定程度的关联，比如资产与收入之间、收入与利润之间、净资产与净利润之间、资产与员工人数之间、员工人数与收入之间等。这种关联，一方面表明不同类型评价指标之间的因果联系，另一方面也说明不同评价指标之间的可替代性。表 4–1、表 4–2 和表 4–3 分别为创业板、中小板和主板上市公司 2017 年几个主要增长指标之间的相关系数。表 4–4 为各类指标之间整体相关性的 KMO 度量。

表 4–1 创业板非金融类上市公司 2017 年主要增长指标相关系数

	营业收入	总资产	流动资产	净资产	营业利润	利润总额	净利润
营业收入	1						
总资产	0.396**	1					
流动资产	0.280**	0.826**	1				
净资产	0.248**	0.880**	0.797**	1			
营业利润	0.110**	0.113**	0.148**	0.066	1		
利润总额	–0.075*	–0.022	0.015	–0.025	0.329**	1	
净利润	0.096*	0.078*	0.098**	0.043	0.465**	0.363**	1

注：* 和 ** 分别表示在 0.05 和 0.01 水平（双侧）上显著相关；N=696。

表 4–2 中小板非金融类上市公司 2017 年主要增长指标相关系数

	营业收入	总资产	流动资产	净资产	营业利润	利润总额	净利润
营业收入	1						
总资产	0.155**	1					
流动资产	0.125**	0.795**	1				
净资产	0.108**	0.844**	0.736**	1			
营业利润	0.003	−0.005	−0.005	−0.004	1		
利润总额	0.052	0.050	0.043	0.041	0.022	1	
净利润	0.105**	0.132**	0.141**	0.114**	0.110**	0.141**	1

注：** 表示在 0.01 水平（双侧）上显著相关；N=887。

表 4–3 主板非金融类上市公司 2017 年主要增长指标相关系数

	营业收入	总资产	流动资产	净资产	营业利润	利润总额	净利润
营业收入	1						
总资产	0.278**	1					
流动资产	0.165**	0.714**	1				
净资产	0.149**	0.462**	0.428**	1			
营业利润	0.009	0.011	0.010	−0.005	1		
利润总额	0.010*	0.032	0.029	−0.017	0.132**	1	
净利润	0.027	0.028	0.015	−0.032	0.259**	0.549**	1

注：* 和 ** 分别表示在 0.05 和 0.01 水平（双侧）上显著相关；N=1734。

表 4–4 主要增长指标整体相关性的 KMO 度量

	创业板	中小板	主板
7 个增长指标	0.720	0.740	0.618
3 个资产增长指标	0.754	0.738	0.644
3 个利润增长指标	0.642	0.510	0.531

（一）同类指标之间

资产指标和利润指标均存在 3 个同类指标。其中，3 个资产指标依次为总资产、流动资产和净资产。从资产类指标看，3 个资产增长指标之间相关系数创业板市场最低为净资产增长率和流动资产增长率之间的 0.797，最高为总资产增长率和净资产增长率之间的 0.880；中小板市场最低为净资产增长率和流动资产增长率之间的 0.736，最高为总资产增长率和净资产增长率之间的 0.844；主板市场最低为净资产增长率和流动资产增长率之间的 0.428，最高为总资产增长率和流动资产增长率之间的 0.714；在 0.01 的显著性水平上均显著相关，三个市场的 3 个资产增长指标的 KMO 值分别为 0.754、0.738 和 0.644，整体存在较强的相关性。

3 个利润类指标分别为营业利润、利润总额和净利润，其中以创业板市场的营业利润增长率和利润总额增长率之间的相关系数最低，其值为 0.329，最高为净利润增长率与营业利润增长率之间的 0.465；中小板市场最低为营业利润增长率和利润总额增长率之间的 0.022，最高为净利润增长率与利润总额增长率之间的 0.141；主板市场最低为营业利润增长率与利润总额增长率之间的 0.132，最高为净利润增长率与利润总额增长率之间的 0.549。在 0.01 的显著性水平上除了 0.022 外相他均显著相关，三个市场的 3 个利润增长指标的 KMO 值分别为 0.642、0.510 和 0.531，整体存在一定程度的相关性。相关系数和 KMO 度量值显示，同类指标之间具有较强的可替代性。

（二）不同类指标之间

分不同指标类别比较，3 个市场营业收入与各资产增长指标之间的相关系数在 0.01 的显著性水平上均能通过显著性检验；3 个市场营业收入与各利润增长指标之间的相关系数部分显著相关，部分相关性不显著，资产与利润增长指标之间也如此。3 个市场 7 个增长指标整体相关性的 KMO 度量值分别为 0.720、0.740 和 0.618，整体均呈现出较强的相关性。这一结果的背后反映出了不同类指标之间存在的因果联系，即收入和利润是生产经营的结果，资产是生产经营的前提，资源决定经营成果；同时也说明不同类指标均存在能反映企业成长的共同因子。

第二节　成长性度量与评价方法

一、单一指标直接度量法

用单一指标度量企业成长性，是从总量指标扩张的角度，直接测算企业某项总量指标的增长速度值。可用于度量成长性的单一指标主要有营业收入增长率、主营业务收入增长率、资产总额增长率、净资产增长率、营业利润增长率、利润总额增长率、净利润增长率、工业增加值增长率、员工人数增长率和企业总市值增长率等。

在上述单一指标中，员工人数为非价值量指标，其增长率不受价格因素干扰，但该指标未体现技术进步和管理进步所带来的规模扩张效应，而企业总市值增长率包含未来预期且波动频繁，不能用于非上市公司。利润增长指标未反映企业成长的社会效应，资产增长指标则从产能角度而未考虑利用情况。综合国内外的相关研究，在度量成长性的所有单一指标中，以营业收入增长率指标使用最为广泛。

使用单一指标直接度量的优点是简单明了、计算量小、数据易得，能够客观反映企业成长属性，在关于企业成长影响因素的研究中，此种度量方式被经常使用。缺点也十分突出，即单一指标难以涵盖企业成长性的方方面面，具有一定的局限性。

二、单一派生指标间接度量法

单一派生指标间接评价法是使用不能直接观测的某一派生指标间接评价企业成长属性。这类评价派生指标有市净率、托宾 Q 值和相对成长速度。

（一）市净率变化率

市净率即公司股票价格与每股净资产的比值，该指标主要是反映公司投资价值。通常而言，股票价格包含了投资者对公司未来盈利的预期，较高的市盈率代表较高的成长潜力，因此，也被一些研究者用来度量公司成长性。宋剑峰（2000）借助于 Edwards-Bell-Ohlson 模型推导显示，市净率与企业预期的超额报酬相关，是一个能较好预示公司未来成长性的指标，其研究结论得到了中国股市经验数据的支持；谢军（2006）等在其研究中也用市净率指标来衡量企业的成长性。

应该说，使用市净率的变化速度间接衡量企业成长性有一定说服力，但其缺陷也显而易见。一方面，市净率包含了未来预期，并非成长性的客观现实度量；另一方面，市净率是动态变化的，随股票价格波动而每时每刻不同，使用市净率反映成长性易受投机因素的干扰。此外，对于非上市公司而言，不能计算市净率，其适用范围受限。

（二）托宾 Q 值变化率

托宾 Q 值由诺贝尔经济学奖获得者詹姆斯·托宾于 1969 年提出。托宾 Q 被定义为资本的市场价值与其重置成本之比，由于难以直接度量重置成本，一般采用资产账面价值代替。托宾 Q 常被用来作为衡量公司业绩表现或公司成长性的重要指标。Ferrisa 等（2002）在研究企业成长性和公司多元化战略选择的关系时，用托宾 Q 衡量公司的成长性。李益娟和宋永春（2010）在考察会计盈余和现金流量对企业成长性的解释力时，以托宾 Q 值代表企业成长性。李延喜、巴雪冰和薛光（2006）在分析投资支出与融资约束间的关系时，也使用托宾 Q 值代表成长能力。

由于我国上市公司所处的市场环境尚不完善，资本市场缺乏有效性，以公司市值变化反映其成长性存在不足，所以采用托宾 Q 值衡量上市公司的成长在应用上有很大的局限性。黄磊、王化成和裘益政（2009）对 2002~2005 年我国上市公司的实证研究表明，托宾 Q 未能对全体上市公司的市场价值提供有效可靠的度量，也间接说明该方法度量成长性的不足。此外，由于计算托宾 Q 值需要用到企业价值，这与使用市净率一样受投机因素影响，并且不适用于非上市公司。

（三）相对速度法

使用单一指标度量成长性通常使用指标的绝对速度，即增长率。使用绝对速度反映成长性易受宏观景气周期和行业景气周期影响。当经济处于扩张期时，从绝对速度看所有企业均有相对较好的成长性；当经济处于收缩期时，则增长速度会整体下滑。为避免绝对速度度量成长性易受景气周期影响这一问题，便于跨期和跨行业比较，可以使用相对速度度量。

所谓相对速度，即选取某个成长性指标，用企业该指标的增长率与行业增长率的中位数之差代表企业成长，这一处理避免了不同行业或不同时期速度的不可比性。如 Moreno 和 Casillas（2007）在研究企业高成长问题时，使用企业销售增长率与部门销售增长率中位数之差度量成长性。国内学者薛爽（2008），逯东、孟子平和杨丹（2010）等也采用企业收入增长率与行业收入增长率的中位数之差作为企业成长性变量。

（四）Birch Index 复合度量法

采用相对速度虽然解决了跨期和跨行业比较问题，但行业中位数速度一般情况下不易确定，并且无论是绝对速度还是相对速度，均未考虑企业规模不同在增长方面所面临的难度，因此也有学者提出了将绝对和相对度量相结合的复合度量方式，该方法考虑了绝对规模和相对增长，最先由 Birch 提出，被称为 Birch Index，之后 Schreyer（2000）、Holzl（2014）等在其研究中都使用了这种复合度量方式。

Birch Index 的计算方式是采用期末年与期初年某一总量指标之

差与期末与期初该总量指标之比的乘积表示，具体表示如下：

$$\text{Birch Index} = (x_{t+1} - x_t) \times (x_{t+1}/x_t)$$

式中，x_t 和 x_{t+1} 分别表示基期和报告期某一总量指标，用于计算 Birch Index 的总量指标可以选择员工人数、营业收入等。可以看出，Birch Index 考虑了企业规模的绝对差异对企业成长可能产生的影响，比单纯采用绝对速度或相对速度似乎更合理。

三、多指标综合评价

使用单一指标度量成长性只考虑了企业成长属性的某一个维度，但企业成长是一个受多因素影响的复杂过程，用单一指标度量企业成长性相对比较片面。多指标综合评价是采用某一具体方法使用多个指标从多个维度评价企业成长性，因此相对更为全面。实际研究中，因采用的具体方法不同，存在多种综合评价方法。

（一）加权算术平均法

加权算术平均法是一种最简单的综合评价方法。通常选取反映企业成长的多个维度，每一维度用一个或多个可以直接观测的指标衡量，同时确定不同维度或指标的权重，使用加权算术平均法计算综合得分，以综合得分代表企业的成长能力。

加权算术平均法的重点是如何确定不同维度或指标的权重，这也是该方法能否成功运用的关键所在。实际应用中权重的科学确定有赖于专家支持系统。

（二）层次分析法（AHP）

层次分析法（The Analytic Hierarchy Process）是一种定性分析和定量分析相结合的方法，它将复杂系统问题分解为目标、准则、方案等若干层次，具有系统化和层次化的特点。其基本步骤为：首先，建立递阶层次结构模型，将研究问题根据不同属性从上往下分解为若干层次；其次，对隶属于上层每一元素之下的各准则或方案分别进行重要性的两两比较，构造比较矩阵；再次，依据比较矩阵采用适当方法（主要有和积法和方根法两种）计算比较矩阵权向量，并进行一致性检验；最后，依据组合权向量计算总得分。

AHP 方法具有系统性、分层和简洁实用的优点，且通过对比较矩阵进行一致性检验，保证了比较结果的可用性。但使用该方法进行成长性评价的缺点显而易见，AHP 方法完全摒弃了实际可观测的各个成长指标，采用主观评判各元素的重要性赋予权重，带有太多的主观成分，如果没有强大的专家库支撑，评价结果往往难以令人信服。

（三）隶属函数评估法

这种方法依据的是模糊数学原理，运用隶属函数进行评估的方法。其基本步骤为：首先以隶属函数给定的各个指标在［0、1］闭区间内的单因素隶属度，对各个指标进行单项评估；其次对全部的单因素隶属度计算加权平均数，得到综合隶属度，确定进行综合评估的指标值，得到的指标值结果越趋近于 1 越好，越趋近于 0 越差。隶属函数评估法存在一定的合理性，但该方法没有全面考虑各个指标的动态变化情况，最终的评价结果难以全面反映出一个企业真实的成长情况。

（四）突变级数法

该方法是首先对评价目标进行多层次矛盾分解，然后利用突变理论与模糊数学相结合产生突变模糊隶属函数，再由归一公式进行综合量化运算，最后归一为一个参数，即求出总的隶属函数，从而对评价目标进行排序分析的一种综合评价方法。该方法的特点是没有对指标采用权重，但考虑了各评价指标的相对重要性，从而减少了主观性，又不失科学性、合理性，而且计算简易准确，其应用范围广泛。

突变级数法的基本步骤：

第一，根据评价目标，对评价总指标进行多层次分解，排列成倒立树状目标层次结构，各层指标（单指标的子指标）分解一般不超过 4 个，最下层指标为可直接观测的变量。

第二，确定突变评价指标体系的突变系统类型。

第三，由突变系统的分叉方程导出归一公式。

第四，利用归一公式进行逐级综合评价。

（五）因子分析法

因子分析是对多个存在关联的指标通过抽取主要的公共因子，用少数几个公因子替代原有指标，实现降维，进而对原有信息进行高度概括。因子分析的效果好坏取决于原始指标的关联程度，关联程度越高，则因子分析效果越好，否则不适合进行因子分析。

理论和实证分析均表明，成长性评价指标之间大多存在一定程度的关联，前一节对创业板、中小板和主板市场上市公司的数据分析也印证了这一结论。通过抽取主要成长因子，计算因子得分，用因子得分作为企业成长性评价值。国内学者吴世农、李常青和余玮（1999），谢荷峰（2007），王青燕和何有世（2008）等的研究均使用了该方法。

（六）功效系数法

首先根据多目标规划原理，对每一个评估指标分别确定满意值和不允许值。其次以不允许值为下限，计算各指标实现满意值的程度，并转化为相应的功效分数。最后将指标的功效分数加权计算综合指数。该方法在实际应用过程中又有较多改进，其中以国家经贸委财经司与国家统计局工交司联合推荐的“功效系数法”应用最为广泛。

由于各项指标的满意值与不允许值一般均取自行业的最优值与最差值，因此，功效系数法的优点是能反映企业某一时点在同行业中的地位。但是，功效系数法同样既没能区别对待不同性质的指标，也没有充分反映企业自身的经济发展动态，使得评估结论存在不足。

（七）GEP 评价法

GEP 评价法是采用数学模型、依据系列指标从时间和空间维度对企业成长进行综合评价的一种方法。GEP 评价法具有以下特点：

首先，它是以成长型企业为对象，依据企业成长的规律性和产业特点，从时间和空间二维角度考察其成长性。其中，时间是指尽可能考虑一段时期内企业连续成长的速度和质量，空间是指正确反映企业在本行业（或全产业）某一时点状态所处的地位。

其次，它从综合考察企业成长的数量标志和质量标志出发，遵循定性指标与定量指标相结合、动态指标与静态指标统一、历史性评价和产业内外比较相协调的原则，将企业成长性设定为定量指标系统和定性指标系统。

最后，它依据企业的实际历史统计数据，利用综合评价方法（二维判断法和模糊数学法）建立数学模型，测算企业一定时期内的成长指数，并以此考察企业的成长性和成长阶段。因此，GEP 模型不仅能高度综合反映企业质和量的成长性，同时也能动态反映企业快与慢的成长性。

从实践看，目前比较有权威的是中国企业评价协会、国家发改委中小企业司等从 2001 年起，每年推出的《中国成长型中小企业发展报告》，2003 年，中国企业评价协会、国家发改委中小企业司又联合国家工商总局个体经济监管司、全国工商联经济部等对 GEP 评价法进行了修订，并采用修订后的方法对我国非公经济 6.8 万家中小企业进行了评估，发布了《2003 年中国（非公经济）成长型中小企业发展报告》。修订后的 GEP 评价法的评价指标体系由定量（财务）指标体系和定性（非财务）指标体系两大部分构成，其中，前者由增长状况、盈利水平、经济效率、偿债能力、行业成长性五方面指标构成，后者由管理能力、人力资源状况、创新能力、融资能力和成长环境五方面指标构成。

四、不同评价方法适用性比较

企业成长评价方法多样，每种方法各有特点和局限性，而且适用情形不同。相比较而言，单一指标直接评价法和单一派生指标间接评价法简单，多指标综合评价复杂；单一指标法只能从一个侧面反映企业成长属性，涉及指标选取问题；多指标综合评价可以从多个侧面综合反映企业成长，但涉及具体方法选择问题，在指标之间进行比较或决定指标权重时带有一定主观性。各种方法的优缺点及适用情形如表 4–5 所示。

表 4–5　企业成长评价方法比较

方法	优点	局限性	适用情形
单一指标直接评价	简单明了、计算量小、客观	只能从一个侧面反映企业成长属性	分析各因素对企业成长的影响；成长性评价
单一派生指标间接评价	简单明了	只能从一个侧面反映企业成长属性，有一定主观性	分析各因素对企业成长的影响；成长性评价
多指标综合评价	全面、可以从多个侧面综合度量	复杂、涉及具体方法选择，有一定主观性	成长性评价、成长能力评价；绩效评价

实践过程中应根据研究需要选择合适的方法。如果仅仅是对企业成长性进行评价比较，则适合使用多指标综合评价法，能够全面反映企业成长性；如果是分析企业成长的影响因素，则单一指标评价相对更为合适，使用多指标评价成长性作为模型因变量时，应避免因变量可能包含自变量的关联指标而出现的自我解释问题，从而违背模型建立的基本原则。

第三节　深圳创业板上市公司成长性分析

一、创业板上市公司概况

作为主板市场的重要补充，深圳创业板市场是面向创业型中小高科技公司提供融资途径和成长空间的场所，自 2009 年 10 月启动以来，经过近 10 年的快速发展，由最初的 28 家上市公司发展到 2018 年 6 月底的 729 家（见图 4–1），总市值达 5.129 万亿元，上市公司数和市值分别占全部 A 股上市公司的 16.9%和 9.3%。

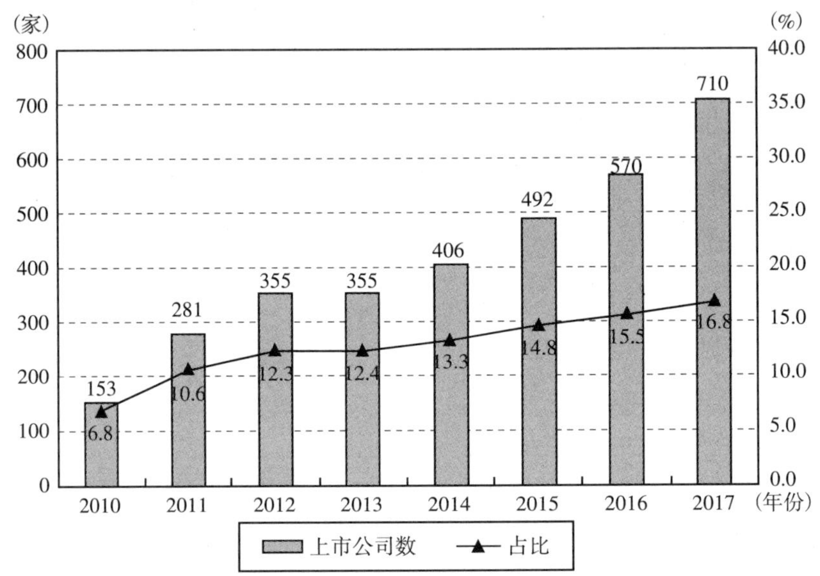

图 4–1　2010~2017 年末创业板上市公司数量及占比

从地区分布看，极不平衡（见图 4–2）。创业板上市公司数量居前的地区依次是广东、北京、江苏和浙江，数量均超过 80 家，但有吉林等 12 个地区数量不超过 4 家，其中，吉林 4 家，甘肃、海南、内蒙古和山西各 3 家，黑龙江、西藏和云南各 2 家，广西和贵州各 1 家，宁夏和青海 0 家。由于创业板上市公司几乎全部为高科技企业，这种地区分布的极度不均衡状况基本反映了创新活动的地区差异，即我国的创新活跃地区主要位于广东、浙江、江苏和上海等省市。

从行业分布看，创业板上市公司共涉及 14 个行业（见表 4–6），但主要集中在制造业和信息技术业，分别有 514 家和 128 家，占全部创业板上市公司的 88%，其他行业分布较少。这种行业分布也符合高科技企业本身的行业分布特征。

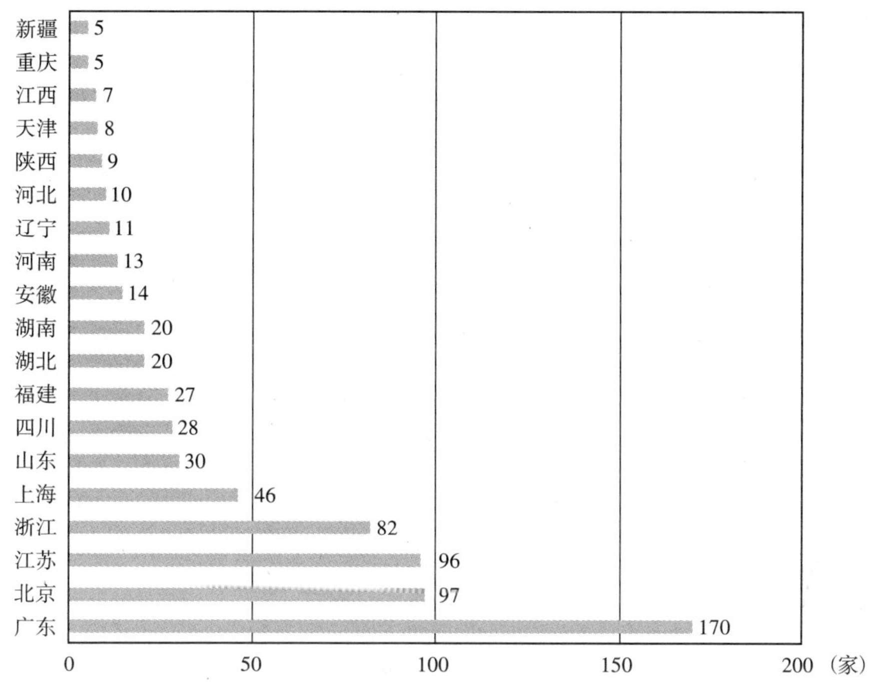

图 4-2 创业板上市公司地区分布（2018 年 6 月末数据）

表 4-6 创业板上市公司行业分布

序号	行业名称	公司数	序号	行业名称	公司数
1	制造业	514	8	农林牧渔	7
2	信息技术	128	9	批发零售	7
3	科研服务	17	10	采矿业	4
4	文化传播	14	11	卫生	3
5	公共环保	13	12	水电煤气	2
6	商务服务	9	13	运输仓储	2
7	建筑业	8	14	居民服务	1

二、成长性描述性分析

截至 2018 年 6 月底，创业板共有上市公司 729 家，使用 2017 年营业收入增长率和总资产增长率分别度量成长性，考虑到各财务指标易受极端值影响，同时给出全部公司和剔除 5%极大值后的样本公司描述统计结果，具体如表 4–7 所示。

表 4–7 创业板上市公司 2017 年成长指标描述统计及比较

	描述指标	创业板		中小板		主板	
		营业收入增长率	总资产增长率	营业收入增长率	总资产增长率	营业收入增长率	总资产增长率
全部	均值	0.441	0.306	0.337	0.275	0.368	0.229
	中位数	0.218	0.209	0.207	0.142	0.156	0.100
	标准差	3.183	0.670	1.068	0.625	1.943	0.678
	最小值	–0.840	–0.445	–0.801	–0.471	–0.964	–0.628
	最大值	82.751	11.355	23.990	10.212	58.508	14.536
	有效观测数	713	727	897	897	1726	1807
剔除 5%极大值	均值	0.229	0.293	0.213	0.188	0.163	0.139
	中位数	0.206	0.192	0.195	0.131	0.145	0.092
	标准差	0.272	0.316	0.238	0.216	0.261	0.203
	偏态系数	0.321	1.073	–0.035	0.985	–0.099	0.952
	峰度系数	0.901	0.601	1.648	1.007	1.807	1.130
	有效观测数	677	690	840	852	1640	1716

注：各市场均不包括 ST 类公司，本章以下各表相同。

从描述结果看，两个成长指标均存在极大值，无论是主板、中小板还是创业板市场，由于存在大量资产重组行为，导致均值完全偏离中位数，已不能反映成长的代表性水平，使用中位数值更能说明问题。全部上市公司营业收入增长率和总资产增长率中位数值分别为 21.8%和 20.9%，剔除 5%极大值后剩余公司营业收入增长率和总资产增长率中位数值分别为 20.6%和 19.2%。总资产增长率略低于营业收入增长率，主要原因与资产为时点指标有关，或者说资产在带来收入方面存在滞后。剔除后与剔除前相比，3 个市场成长指标均值则出现较大幅度下降，说明极大值对均值存在较大影响。

从创业板与中小板和主板比较结果看，3 个市场所有公司营业收入增长率中位数分别为 21.8%、20.7%和 15.6%，创业板与中小板接近，但远远高于主板，剔除5%极大值后剩余公司的情形与此类似；3个市场所有公司的总资产增长率中位数分别为20.9%、14.2%和10.0%，呈现出创业板、中小板和主板依次减弱的格局，这也反映出创业板上市公司的快速成长特征，剔除5%极大值后剩余公司的情形类似。

三、成长性区间分布特征

从营业收入增长率区间分布看（剔除5%极大值公司后）主要集中在-10%~50%（见图4-3），共528家，占比为78.0%，存在明显的集中趋势。其中，负增长公司共116家，占比为17.1%；增长率10%~30%的公司共232家，占比34.3%。

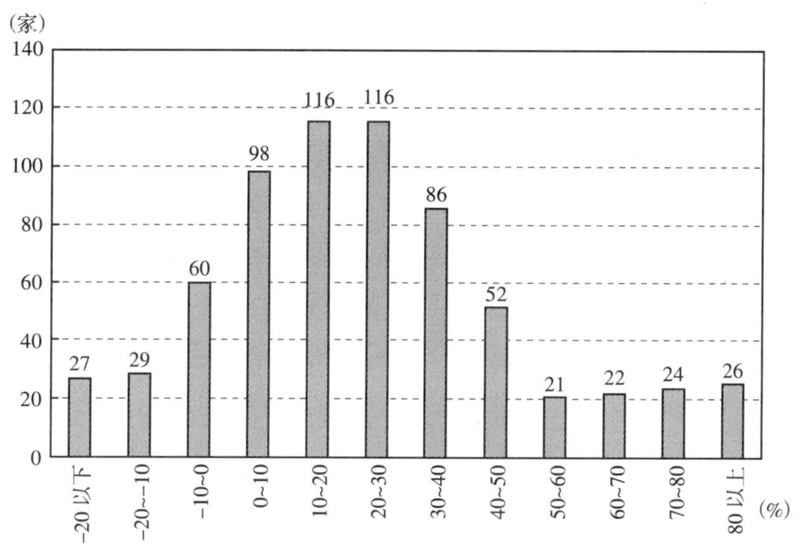

图4-3 创业板上市公司2017年营业收入增长率区间分布

总资产增长率分布与营业收入类似（剔除5%极大值公司后），但也呈现出不一样的特点（见图4-4），主要体现在分布的峰度更高且峰值左移，右尾更长。分布主要集中在0~30%，共369家，占比为53.5%，集中趋势明显。其中，负增长公司共69家，占比为10.0%，大大低于营业收入负增长公司数；增长率0~20%区间内共

285 家，占比 41.3%，远高于营业收入增长率的 34.2%，这与总资产增长率的峰度更高相吻合。

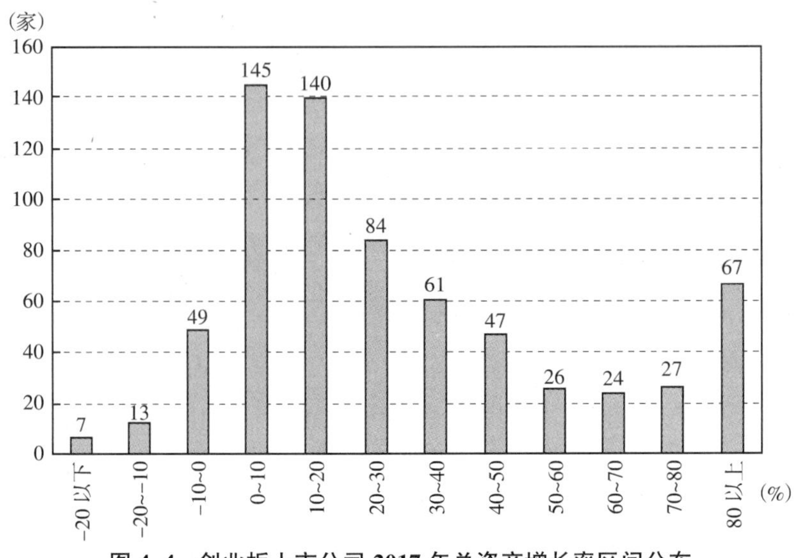

图 4-4 创业板上市公司 2017 年总资产增长率区间分布

四、成长性正态分布检验

一般情况下，近似正态分布的偏态系数和峰度系数均接近 0。由表 4-7 的描述性分析数据可知，创业板市场营业收入和总资产增长率的偏态系数均大于 0 较多，属于严重的偏态分布，峰度系数也远大于 0，为严重的尖峰分布，不符合正态分布特征。使用 K-S 检验对营业收入和总资产增长率进行正态分布检验，结果如表 4-8 所示。从 Kolmogorov-Smirnov 值对应的显著性水平看，无论是全部创业板，还是剔除 5%极大值后，两者呈正态分布的假设均不能成立。

进一步从营业收入和总资产增长率的正态 Q-Q 图判断（见图 4-5、图 4-6），两种情形下各偏差点并未围绕 0 值两侧均匀分布，进一步说明两者的分布均不属于正态分布。

表 4-8 单样本 Kolmogorov-Smirnov 检验

		全部创业板		剔除 5%极大值	
		营业收入增长率	总资产增长率	营业收入增长率	总资产增长率
N		713	727	677	690
正态参数[a,b]	均值	0.441	0.396	0.229	0.293
	标准差	3.185	0.671	0.272	0.316
最极端差别	绝对值	0.394	0.209	0.076	0.145
	正	0.381	0.103	0.076	0.145
	负	-0.394	-0.209	-0.045	-0.095
Kolmogorov-Smirnov		10.522	5.646	1.967	3.809
渐近显著性（双侧）		0.000	0.000	0.000	0.000

注：a. 检验分布为正态分布；b. 根据数据计算得到。

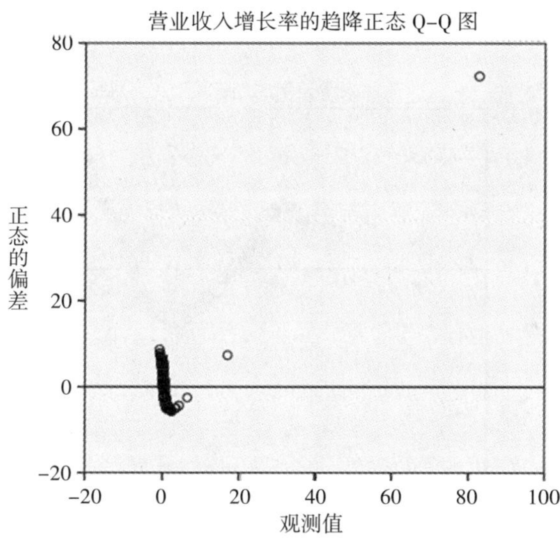

图 4-5 创业板成长性指标的正态 Q-Q 图（全部）

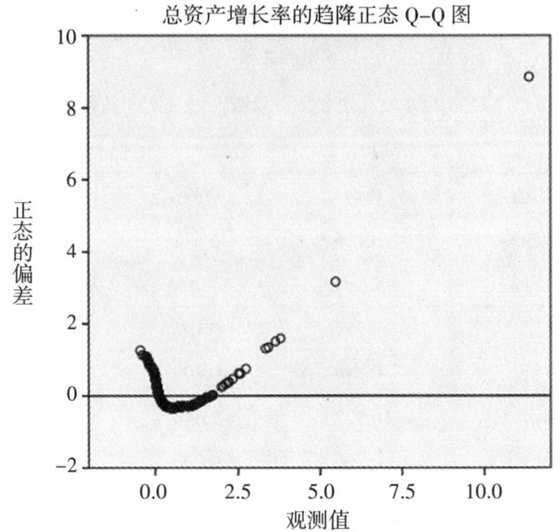

图 4-5 创业板成长性指标的正态 Q-Q 图（全部）（续）

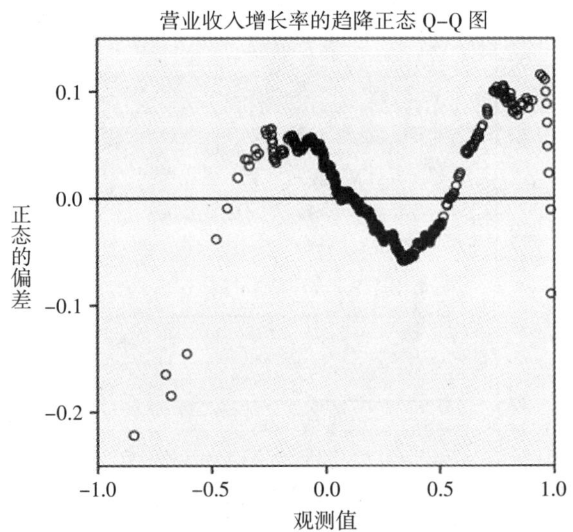

图 4-6 创业板成长性指标的正态 Q-Q 图（剔除 5%极大值）

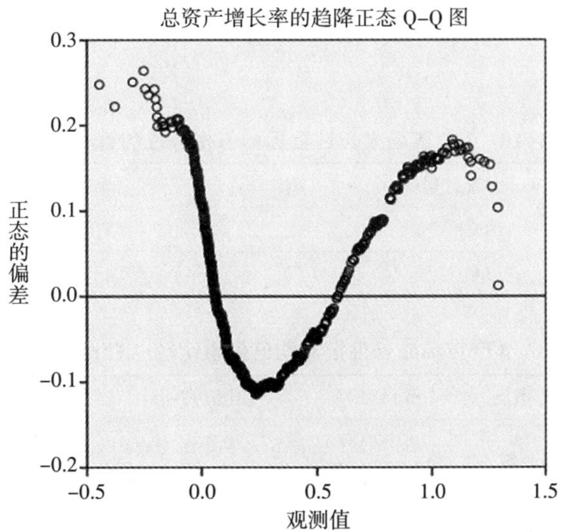

图 4-6 创业板成长性指标的正态 Q-Q 图（剔除 5%极大值）（续）

五、创业板市场与其他市场成长性的多重比较

尽管从描述性统计看，创业板公司成长性明显高于中小板和主板公司，但仍需要进一步检验。由于极大值的存在，影响了成长性均值，因此在进行成长性均值多重比较时，采用剔除 5%极大值样本。

表 4-9 3 个市场成长性指标方差齐次性检验

成长性指标	Levene 统计量	df1	df2	显著性
营业收入增长率	4.565	2	3153	0.010
总资产增长率	100.069	2	3254	0.000

根据方差齐次性检验结果（见表 4-9），在 0.05 的显著性水平下，3 个市场的两个成长性指标均存在方差不等。为此采用方差非齐下的 Welch 均值相等性的键壮性检验，结果表明（见表 4-10），两个成长指标均值在不同市场均存在差别。进一步采用 Tamhane 均值多重比较，结果如表 4-11 所示。结果表明，在 0.05 的显著性水平下，创业板与中小板市场的营业收入增长率无显著性差别，其他

情况下，创业板市场成长性均显著高于中小板和主板、中小板成长性显著高于主板。

表 4-10　3 个市场成长性指标均值相等性的键壮性检验

成长性指标	Welch 统计量	df1	df2	显著性
营业收入增长率	19.903	2	1576.2	0.000
总资产增长率	73.807	2	1427.2	0.000

表 4-11　3 个市场成长性指标均值多重比较（Tamhane 检验）

指标	（I）市场	（J）市场	均值差（I-J）	标准误差	显著性
营业收入增长率	创业板	中小板	0.016	0.013	0.563
		主板	0.066	0.012	0.000
	中小板	主板	0.051	0.010	0.000
总资产增长率	创业板	中小板	0.103	0.014	0.000
		主板	0.152	0.013	0.000
	中小板	主板	0.049	0.009	0.000

六、创业板公司成长性行业比较

创业板上市公司共涉及 14 个行业（见表 4-6），公司数量超过 10 家的共 5 个行业，分别是制造业、信息技术、科研服务、文化传播和公共环保，其中又以制造业和信息技术业为主，分别有 514 家和 128 家，共占全部上市公司的 88%。考虑到其他行业样本数量较

表 4-12　创业板上市公司 2017 年成长性行业比较

行业	公司数	营业收入增长率			总资产增长率		
		中位数	均值	标准差	中位数	均值	标准差
制造业	514	0.236	0.514	3.784	0.220	0.426	0.741
信息技术	128	0.177	0.229	0.323	0.184	0.335	0.502
科研服务	17	0.246	0.249	0.289	0.220	0.290	0.305
文化传播	14	0.135	0.150	0.161	0.202	0.251	0.256
公共环保	13	0.442	0.429	0.459	0.367	0.366	0.234

少，成长性行业对比主要以上述 5 个行业为主。

受极端值影响，成长性均值指标难以反映一般水平，使用中位数更能反映成长性水平，从表 4-12 中可以看出，5 个行业中，公共环保行业营业收入增长率和总资产增长率分别高达 44.2%和 36.7%，成长速度明显超过其他行业；成长速度相对较低的行业为文化传播和信息技术业，营业收入增长速度均未超过 18%。而从资产增长与收入增长的匹配度看，与另外 3 个行业不同，文化传播和信息技术业总资产增长率高于营业收入增长率，说明其资产的产出效率相对较差。

对制造业和信息技术两个占比较大的行业进行成长性指标的均值比较进行 t 检验，结果同样表明，制造业的营业收入增长率和总资产增长率均高于信息技术业。这说明，在成长性方面，创业板上市公司存在行业差异。

第五章 创业板高科技公司债务杠杆水平与期限配置分析

债务杠杆和债务期限配置属于本研究中影响成长绩效的两个重要变量。由第二章的理论分析可知，基于不同的资本结构理论，债务杠杆对企业成长的影响方向和效果不同；债务期限配置理论也认为，债务期限长短的选择与公司未来成长机会有关。本章将对创业板上市公司债务杠杆和债务期限配置特征加以分析。

第一节　创业板高科技公司总债务杠杆水平分析

一、资产负债率的描述性分析

根据前文对债务杠杆的定义，依据债务类型及资产类型的不同，有不同的债务杠杆度量方式。如果使用负债总额与总资产之比计算称为总债务杠杆，即资产负债率；使用流动负债与流动资产之比计算（即流动比的倒数），债务杠杆可称为流动债务杠杆，即流动资产负债率。前者从债务和资产历史形成角度反映债务杠杆水平，后者则从短期资金营运角度反映企业短期债务杠杆的使用程度。因此，本节和下节分别选取资产负债率和流动资产负债率作为债务杠杆的度量指标，对其进行描述分析。以前文选样方案为描述统计对象，使用上述债务杠杆指标，创业板上市公司债务杠杆描述性分析结果如表 5-1 所示。

表 5-1 创业板上市公司资产负债率描述统计及比较

市场	全部						剔除 5%极大值			
	均值	中位数	标准差	最小值	最大值	N	均值	中位数	标准差	N
创业板	0.293	0.288	0.171	0.028	1.037	727	0.300	0.284	0.149	690
中小板	0.365	0.376	0.187	0.012	0.945	897	0.362	0.356	0.165	852
主板	0.463	0.458	0.224	0.028	1.059	1907	0.440	0.440	0.194	1716

从描述结果看，全部创业板高科技公司资产负债率平均值为 29.3%，中位数为 28.8%，资产负债率最低最高值分别为 2.8%和 103.7%。整体资产负债率远低于 50%，说明债务杠杆整体处于较低水平，具有良好的债务偿还保障能力。由于高科技公司经营的高风险特征，客观上要求其债务杠杆不能过高，以避免陷入财务困境和破产境地，样本公司的实际数据正好与此相符。

从创业板与中小板和主板市场的比较看，剔除掉 5%极大值公司后，3 个市场的资产负债率中位数依次为 28.4%、35.6%和 44.0%，债务杠杆呈现依次增高的态势，这与 3 个市场中高科技公司占比约分别为 90%、30%和 10%的情形相符。相比较而言，创业板公司债务杠杆整体较低、中小板整体略偏低、主板整体适中。

二、资产负债率的区间分布特征

使用剔除 5%极大值的 690 家创业板高科技公司 2017 年末资产负债率数据，区间分布如图 5-1 所示，从图 5-1 中可看出明显的右偏分布形态。其中资产负债率位于 20%~30%的公司数最多，占比 23.7%，60%以上的高资产负债率公司 13 家，占比仅 1.9%。

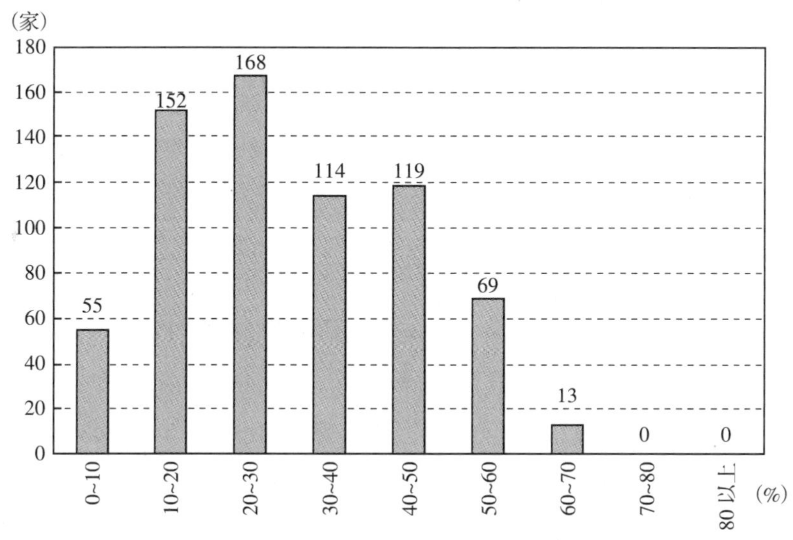

图 5-1 创业板公司资产负债率分布

剔除 5%极大值的中小板和主板公司 2017 年末资产负债率区间分布如图 5-2 所示，与创业板不同的是，两者的右偏分布形态并不明显，也不存在明显的分布顶点，峰度不如创业板突出。其中，中

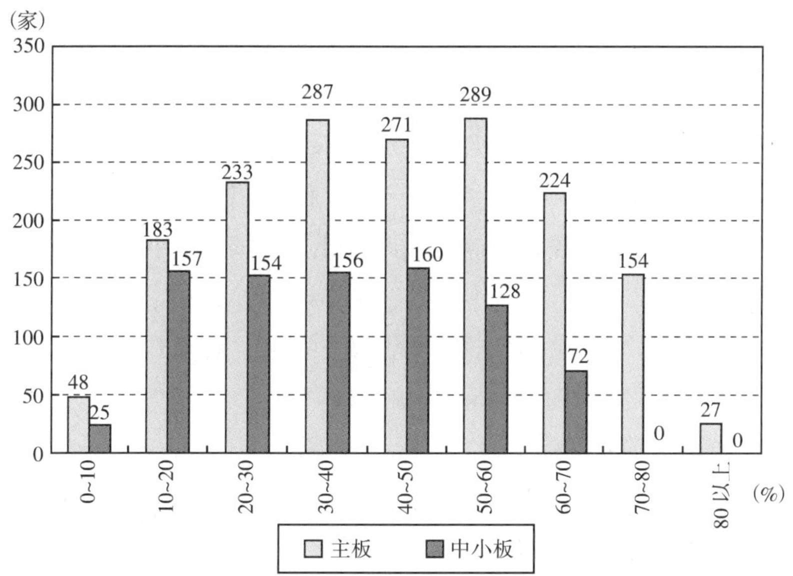

图 5-2 中小板和主板公司资产负债率分布

小板和主板60%以上的高资产负债率公司分别有72家和405家，占比分别为8.5%和23.6%，远远超过创业板的1.9%，进一步印证了高科技公司高风险背景下的低负债特征。

三、资产负债率的正态分布检验

使用K-S检验对债务杠杆指标进行正态分布检验，结果如表5-2所示。从Kolmogorov-Smirnov值对应的显著性水平看，在0.05的显著性水平下债务杠杆指标呈正态分布的假设在两种情形下均不能成立，但在0.01的显著性水平下，剔除5%极大值公司后，两个债务杠杆指标近似服从正态分布。

表5-2 单样本资产负债率Kolmogorov-Smirnov检验

	N	正态参数[a,b]		最极端差别			K-S	渐近显著性（双侧）
		均值	标准差	绝对值	正	负		
全部创业板	727	0.320	0.171	0.072	0.072	-0.049	1.948	0.001
剔除5%极大值	690	0.3	0.150	0.06	0.06	-0.044	1.584	0.013

注：a. 检验分布为正态分布；b. 根据数据计算得到。

四、创业板与其他市场资产负债率的多重比较

尽管从描述性统计看，创业板公司债务杠杆低于中小板和主板公司，但仍需要进一步检验。由于极大值的存在，影响了债务杠杆均值，因此在进行债务杠杆均值多重比较时，采用剔除5%极大值样本。

根据方差齐次性检验结果（见表5-3），在0.05的显著性水平下，3个市场的债务杠杆指标存在方差不等。为此采用方差非齐下的Welch均值相等性的键壮性检验，结果表明（见表5-4），资产负债率指标均值在不同市场均存在差别。进一步采用Tamhane均值多重比较，结果如表5-5所示。结果表明，在0.01的显著性水平下，创业板市场债务杠杆均显著低于中小板和主板，中小板则显著低于

主板。

表 5-3　3 个市场资产负债率方差齐次性检验

杠杆指标	Levene 统计量	df1	df2	显著性
资产负债率	44.758	2	3255	0.000

表 5-4　3 个市场资产负债率均值相等性的键壮性检验

杠杆指标	Welch 统计量	df1	df2	显著性
资产负债率	185.5	2	1749.3	0.000

表 5-5　3 个市场资产负债率均值多重比较（Tamhane 检验）

（I）市场	（J）市场	均值差（I-J）	标准误差	显著性
创业板	中小板	-0.0621	0.0080	0.000
	主板	-0.1401	0.0074	0.000
中小板	主板	-0.0779	0.0073	0.000

五、创业板市场资产负债率的行业比较

从总杠杆水平看（见表 5-6），公共环保行业资产负债率中位数值最高，达到 54.1%，其次为文化传播行业，达到 34.2%，另外 3 个行业均未超过 30%，公共环保行业远高于其他行业。不仅中位数均值也存在公共环保行业远高于其他行业，说明这一行业整体存在相对过高的债务杠杆。

表 5-6　创业板上市公司 2017 年资产负债率行业比较

	制造业	信息技术业	科研服务业	文化传播业	公共环保业
公司数	514	128	17	14	13
中位数	0.288	0.276	0.283	0.342	0.541
均值	0.308	0.310	0.295	0.320	0.525
标准差	0.163	0.173	0.138	0.172	0.131

第二节 创业板高科技公司流动债务杠杆分析

一、流动资产负债率的描述性分析

企业债务从偿还的紧迫性角度可分为流动负债和长期负债，需要相应以流动资产和全部资产作为偿还保障。债务资产结构配置主要是反映企业债务结构与资产结构吻合程度，度量方法有多种，可以用债务总量中流动负债与流动资产之比即流动资产负债率表示，也可用流动负债与速动资产之比表示，实践中以前一种使用最多。流动资产负债率等于流动比的倒数，除了可以度量流动债务杠杆程度外，该指标也反映了债务与资产结构的匹配程度。以前节选样方案为描述统计对象，对创业板上市公司 2017 年流动债务杠杆的描述性分析结果如表 5-7 所示。

表 5-7 创业板上市公司流动资产负债率描述统计及比较

市场	全部						剔除 5%极大值			
	均值	中位数	标准差	最小值	最大值	N	均值	中位数	标准差	N
创业板	0.473	0.419	0.296	0.020	2.683	727	0.433	0.400	0.234	690
中小板	0.610	0.531	0.456	0.022	6.184	889	0.540	0.512	0.268	844
主板	0.797	0.632	0.989	0.023	31.473	1749	0.666	0.607	0.369	1661

从描述结果看，全部创业板高科技公司流动资产负债率平均值为 47.3%，中位数值为 41.9%，流动资产负债率最低最高值分别为 2.0%和 268.3%。以 2 倍的流动比作为合适的流动负债偿还安全保障，对应 50%的流动资产负债率为适中，说明创业板公司债务资产结构匹配程度较好。

从创业板与中小板和主板市场的比较看，剔除掉5%的极大值公司后，3个市场流动资产负债率中位数依次为40.0%、51.2%和60.7%，呈现依次增高的态势。相比较而言，创业板公司流动性保障程度最高、中小板整体适中、主板整体偏差。

二、流动资产负债率区间分布特征

从流动资产负债率区间分布看（见图5-3），剔除5%极大值的690家创业板高科技公司呈现出右偏分布形态，但顶点并不如资产负债率突出，其中不存在超过100%的公司（流动负债大于流动资产）；流动资产负债率超过50%的公司共262家，低于50%的公司共428家，占比分别为37.97%和62.03%。以2倍的流动比（对应50%的流动资产负债率）作为适度的负债与资产结构匹配度，相当于近40%的公司负债与资产结构不匹配程度相对较高，或者说短期债务缺乏流动性保障。

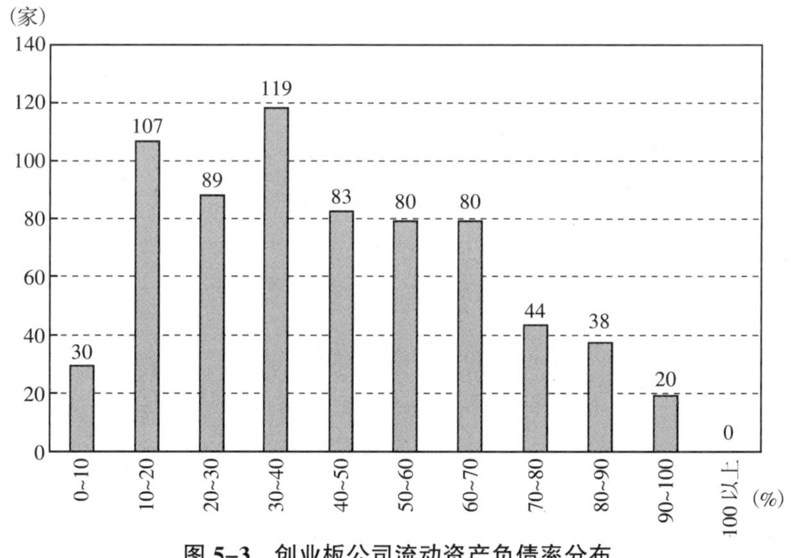

图5-3　创业板公司流动资产负债率分布

从创业板和其他市场流动资产负债率的比较来看，中小板和主板流动资产负债率分布的右尾更长（见图5-4）。中小板和主板流动资产负债率超过 100%的公司各有 53 家和 280 家，占比分别为 6.3%和 16.9%，大大高于创业板；流动资产负债率超过 50%的公司各有 435 家和 1049 家，占比分别为 51.5%和 63.2%，大大高于创业板的 38.0%。就流动资产负债率的短期债务杠杆属性而言，也呈现出创业板公司债务杠杆低于中小板和主板的情形，这与资产负债率所表现出来的结果相一致。

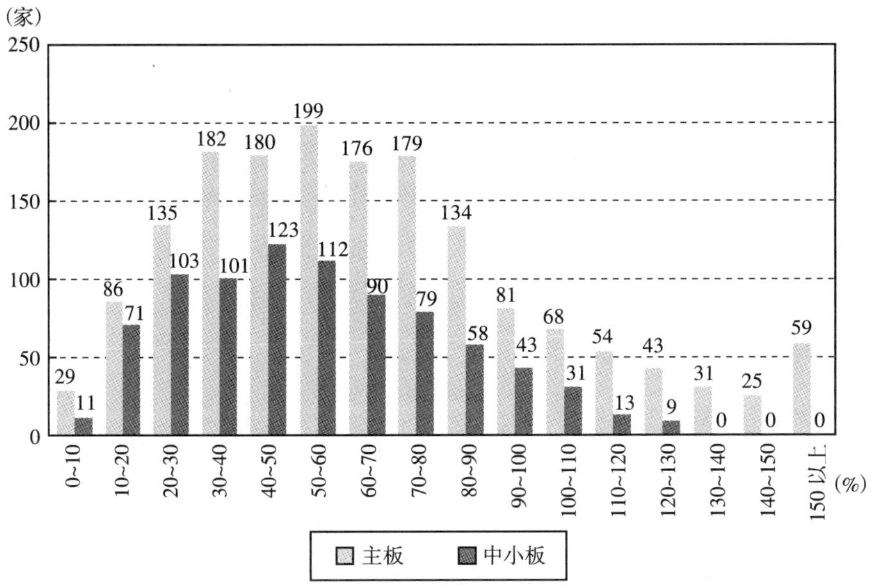

图 5-4　主板和中小板公司流动资产负债率分布

三、流动资产负债率的正态分布检验

使用 K-S 检验对流动资产负债率指标进行正态分布检验，结果如表 5-8 所示。从 K-S 值对应的显著性水平看，在 0.05 的显著性水平下流动资产负债率呈正态分布的假设不能成立，但在 0.01 的显著性水平下，剔除 5%极大值公司后，流动资产负债率近似服从正态分布。

表 5-8　流动资产负债率单样本 Kolmogorov-Smirnov 检验

	N	正态参数 [a,b]		最极端差别			K-S	渐近显著性（双侧）
		均值	标准差	绝对值	正	负		
全部创业板	727	0.473	0.297	0.078	0.078	-0.072	2.106	0.000
剔除 5%极大值	690	0.433	0.235	0.060	0.060	-0.046	1.588	0.013

注：a. 检验分布为正态分布；b. 根据数据计算得到。

四、创业板与其他市场流动资产负债率的多重比较

尽管从描述性统计看，创业板公司流动资产负债率低于中小板和主板公司，但仍需要进一步检验。由于极大值的存在，影响了债务杠杆均值，因此在进行均值多重比较时，采用剔除 5%极大值样本。

根据方差齐次性检验结果（见表 5-9），在 0.05 的显著性水平下，3 个市场的流动资产负债率存在方差不等。为此采用方差非齐下的 Welch 均值相等性的键壮性检验，结果表明（见表 5-10），流动资产负债率均值在不同市场均存在差别。进一步采用 Tamhane 均值多重比较，结果如表 5-11 所示。结果表明，在 0.01 的显著性水平下，创业板市场流动资产负债率均显著低于中小板和主板、中小板显著低于主板。

表 5-9　3 个市场流动资产负债率方差齐次性检验

杠杆指标	Levene 统计量	df1	df2	显著性
流动资产负债率	71.156	2	3192	0.000

表 5-10　3 个市场流动资产负债率均值相等性的键壮性检验

杠杆指标	Welch 统计量	df1	df2	显著性
流动资产负债率	168.4	2	1855.4	0.000

表 5-11　3 个市场流动资产负债率均值多重比较（Tamhane 检验）

(I) 市场	(J) 市场	均值差 (I-J)	标准误差	显著性
创业板	中小板	-0.1072	0.0128	0.000
	主板	-0.2333	0.0127	0.000
中小板	主板	-0.1262	0.0129	0.000

五、创业板市场流动资产负债率的行业比较

从行业比较看（见表 5-12），公共环保行业流动资产负债率最高，达到 74.6%，其次为文化传播业的 47.0%，其他 3 个行业在 40%左右，公共环保行业远高于其他行业。不仅中位数如此，流动资产负债率均值表现出相同特征，说明这一行业负债与资产结构不匹配程度整体较高。

表 5-12　创业板上市公司 2017 年流动资产负债率的行业比较

	制造业	信息技术业	科研服务业	文化传播业	公共环保业
公司数	514	128	17	14	13
中位数	0.401	0.407	0.404	0.470	0.746
均值	0.453	0.450	0.476	0.432	0.737
标准差	0.271	0.267	0.432	0.182	0.234

第三节　创业板高科技公司债务期限结构配置分析

一、债务期限配置的描述性分析

企业的债务期限结构是反映企业债务总量中长短期债务比例的结构指标，度量方法有多种，可以用债务总量中长期债务或短期债务占比表示，也可用长期债务与短期债务之比（或短期债务与长期

债务之比）表示。在第二章关于债务期限结构配置的定义中，通过比较分析，已明确使用流动负债占总负债的比重和长期负债与流动负债之比两种方式表示，由于两者可以相互换算，本节描述性分析和区间分布仅采用比重指标对创业板公司的债务期限结构进行描述性分析。

表 5–13 创业板公司与其他市场流动负债占比比较

指标	创业板	中小板	主板
中位数	0.913	0.898	0.857
均值	0.862	0.853	0.798
标准差	0.148	0.147	0.192
最小值	0.124	0.175	0.063
最大值	1	1	1
有效观测数	727	889	1748

分析结果如表 5–13 所示，创业板、中小板和主板市场流动负债占比中位数分别为 91.3%、89.8%和 85.7%，依次减小。通常认为，该比率在 30%~70%属于合适范围，3 个市场整体占比偏高，说明存在长债短置现象。虽然高流动负债占比可以减少资金成本，但大量短期债务兑付一旦遭遇现金流困难，必然对经营活动产生较大影响。此外，3 个市场特别是主板市场，标准差偏大，说明各公司之间流动负债占比存在较大差异。

二、债务期限配置的区间分布特征

从流动负债占比的区间分布看（见表 5–14），均集中在 90%以上的高比例区间，创业板、中小板和主板的比例分别为 53.4%、49.6%和 41.1%，依次降低，说明主板公司经营更成形和稳定。三个市场流动负债占比 70%以下的公司比例分别为 12.79%、13.61%和 26.66%，创业板和中小板大大低于主板。从流动负债占比的区间分布可以看出，3 个市场的债务期限配置均不服从正态分布，存在严重偏态分布。

表 5-14 创业板公司与其他市场流动负债占比区间分布

分布区间（%）	创业板		中小板		主板	
	公司数	比例（%）	公司数	比例（%）	公司数	比例（%）
0~10	0	0.0	0	0.0	4	0.2
11~20	1	0.1	3	0.3	9	0.5
21~30	1	0.1	3	0.3	25	1.4
31~40	14	1.9	8	0.9	46	2.6
41~50	10	1.4	14	1.6	74	4.2
51~60	27	3.7	25	2.8	134	7.7
61~70	40	5.5	68	7.7	174	10.0
71~80	81	11.1	127	14.3	226	12.9
81~90	165	22.7	200	22.5	337	19.3
91~100	388	53.4	441	49.6	719	41.1
合计	727	100.0	889	100.0	1748	100.0

三、债务期限配置的行业比较

从流动负债占比中位数看（见表 5-15），公共环保行业最低，为 70.1%，其他 4 个行业较接近，均在 90%以上，说明公共环保行业整体债务期限相对较长。由于公共环保行业在 5 个行业中资产负债率最高（54.1%），相对较低的流动负债占比有利于公司应对短期内的债务偿还压力，避免影响生产经营。从行业内流动负债占比差异看，文化传播行业类公司差异程度最大，变异系数达到 0.280，其次为公共环保类公司，差异相对较小的为信息技术业和制造业，变异系数分别为 0.159 和 0.169。

另一个债务期限配置指标长期负债与流动负债比由流动负债占比换算得出，因此，由该指标所反映出的债务期限配置特征与流动负债占比完全一致。

表 5-15　创业板上市公司 2017 年流动负债占比行业比较

行业	公司数	中位数	均值	标准差	变异系数
制造业	514	0.903	0.858	0.145	0.169
信息技术	128	0.948	0.890	0.142	0.159
科研服务	17	0.915	0.882	0.172	0.195
文化传播	14	0.924	0.819	0.229	0.280
公共环保	13	0.701	0.686	0.164	0.239

第六章

债务杠杆、结构配置与高科技企业成长关系实证分析

第一节　研究设计与理论假设

一、研究设计

本章实证分析的思路如图 6-1 所示。依据与企业成长有关的资本结构理论和债务结构配置理论，提出相关假设，在全面分析企业成长影响因素的基础上，结合已有的相关研究文献，针对高科技企业的特点，找出可能影响高科技企业成长的主要变量，以此建立模型，选择创业板高科技上市公司作为代表样本对模型进行拟合，并对拟合结果进行分析，以检验假设是否成立。

其中，理论分析部分依据本书第二章介绍的企业成长理论、资本结构理论和债务期限配置理论，以此为基础提出债务杠杆和债务配置如何影响高科技企业成长的理论假设；结合已有的企业成长影响因素研究文献，确定其他影响变量，建立高科技企业成长绩效影响因素的回归模型。以创业板上市公司为选样框，选取高科技样本企业，收集样本公司的公开财务报表数据，对模型进行拟合，并对

拟合结果进行分析，得出结论，以检验理论假设。

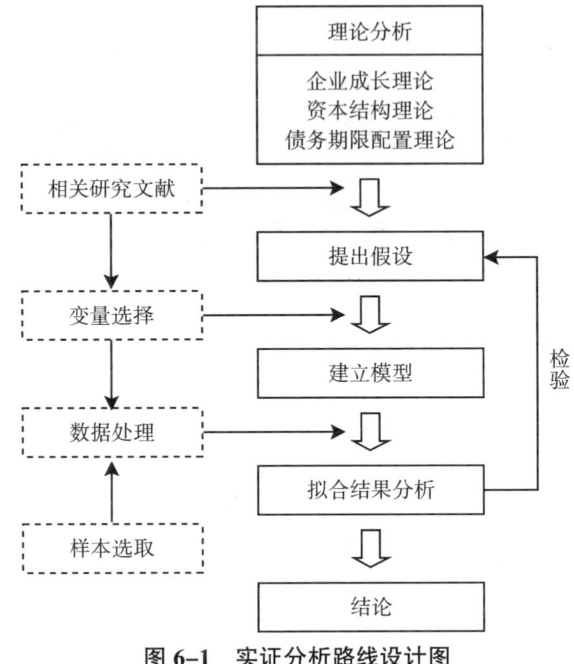

图 6–1　实证分析路线设计图

二、研究假设

（一）前提假设

根据第二章企业成长理论，企业内部资金、人力、技术等各种资源及组合决定了企业生产的边界，同时由于企业外部环境的复杂多变，企业成长受行业周期、宏观景气周期、政策等众多决定市场需求和供给因素的制约，因此，企业成长受内外多种因素综合影响，是所有内生和外生因素共同作用的结果。尽管内外因素千差万别、企业成长路径各异，但一定的产出最终需要通过一系列资金运营得以实现，内外因素影响的直接作用点是资金的组织与运营，最终的结果才是产出的变化。比如，营业收入的增长可能是外部需求的变化，也可能是企业产品、服务、营销手段或经营模式的创新，无论是外部政策环境、宏观或行业周期决定的市场变化，还是内部资源、能力、战略等因素的作用，收入的增长客观上需要资金运营的某个或几个方面做出反应，这种反应不能自发形成，而要通过影响因素的刺激得以实现。因此，从资金运营视角考察高科技企业成长规律时，不需要考查资金以外的因素，这也是研究债务杠杆、结构配置与企业成长关系问题的前提。

（二）债务杠杆与高科技企业成长关系的假设

根据 MM 定理，当存在公司所得税时，由于负债的税盾作用，可以降低综合资本成本，增加企业的价值，负债越多，杠杆作用越明显，公司价值越大。因此可以预期，债务杠杆越高则企业成长速度越快。MM 定理进一步指出，当存在个人所得税时，企业的目标不仅仅是公司纳税额最小化，而是公司收入引起的所有税款最小化，即公司所得税和个人所得税之和最小化，因此，债务税盾的正面作用实际被高估。对我国高科技企业而言，由于较大的税收优惠，负债的税盾作用是否会消失或进一步减弱？为对这一问题加以检验，本章实证分析部分据此提出以下假设：

假设 1-1：债务杠杆对我国高科技企业成长整体不存在正面积极影响。

权衡理论认为，债务杠杆的增加在带来税收节约价值的同时，也会导致财务危机成本增加。随着负债率的上升，负债的边际节税利益逐渐下降，边际破产成本逐渐上升。公司为了实现价值最大化，必须权衡负债的利益与成本，当边际节税利益恰好与边际破产成本相等时，公司价值最大，此时的负债率即为公司最佳资本结构。因此，根据权衡理论可以预期，在某个特定的债务杠杆区间，债务杠杆对企业成长有正面效应，而区间外则不存在。

代理成本理论指出，由于股东、债权人和代理人目标不一致，存在股权代理成本和债权代理成本。代理成本的存在使得面对不同成长机会的企业，去寻找合适的资本结构来降低企业的代理成本，实现企业价值的最大化。因此，存在一个适度的债务杠杆区间，该区间内对企业成长存在积极作用。

根据上述现代资本结构理论关于债务杠杆与企业成长关系的描述，为检验不同债务杠杆对高科技企业成长绩效影响是否存在差别，提出以下假设：

假设 1–2：在不同的债务杠杆区间，债务杠杆对我国高科技企业成长的影响效应不同。

（三）债务结构配置与高科技企业成长关系的假设

无论是传统期限匹配理论还是现代期限匹配理论，为了降低企业债务融资的风险或成本，均主张企业应将债务期限和资产期限进行匹配，因此，企业的债务期限应该与资产期限呈正相关关系，对此进一步推论得出，债务期限和资产期限相匹配对企业价值和成长不会产生消极影响。为检验这一推论，提出以下假设：

假设 2–1：高科技企业债务与资产结构匹配程度越高，成长性越好。

根据债务期限配置的契约成本理论，短期债务能缓解股东、管理者和债权人等利益主体之间的冲突，减少投资不足、资产替代和过度投资等行为的发生，从而降低代理成本，有利于企业成长。

信号传递理论认为，企业管理者与债权人之间存在信息不对称，管理者比债权人掌握更多关于公司的私人信息，高质量（价值被低估）公司通常选择短期债务来向市场传递信息，以减少信息不对称产生的成本。据此推论，公司质量应与债务期限负相关，债务期限越短则企业成长越快。

税收假说理论认为，不同期限债务的税盾效应差异决定了公司价值最大化的最优债务期限结构设计，税率、利率期限结构和价值波动性等是影响债务期限结构选择的因素，其结论是支持使用长期负债。据此推论，债务期限越长则企业成长越快。

可以看出，不同的债务期限配置理论对债务期限与企业成长的关系有不同的观点和推论，为检验我国高科技企业债务期限配置与企业成长间的关系，特提出以下待定方向假设：

假设 2–2：债务期限对高科技企业成长有显著影响，其影响方向待定。

第二节 变量选取与模型建立

一、变量选取

（一）被解释变量

本章需要考察高科技企业债务杠杆等因素对成长性的影响，成长性为本研究的被解释变量。第二章对成长性的定义进行了界定，第四章创业板公司成长性评价部分进一步明确了成长性度量的原则、指标选取和度量方法。

根据评价的侧重面不同，成长性评价指标可分为经营成果类、产能类和市场价值类三类，每类指标均存在不同的优缺点，不同类指标之间有显著的相关性。相比较而言，以成果类和产能类指标使用最多。成果类指标具体又分产量、收入指标和利税指标等，实际操作中以营业收入使用最为广泛。产能类指标具体又分资产指标和员工人数，相比较而言，以总资产使用最为普遍。

根据以上分析，本章的研究中使用营业收入增长率和总资产增长率两个维度度量高科技企业成长性，具体计算如表 6–1 所示，而成长绩效的度量则使用因子分析法从上述两个成长指标中提取因子，具体处理方法将在“数据处理”部分涉及。

（二）解释变量

债务杠杆和债务期限配置为本研究的解释变量，其中，债务杠杆包括总债务杠杆和流动债务杠杆。在第二章中分别对上述三个概

表 6-1　被解释变量和解释变量基础指标计算方法

变量类型	变量名称	代码	基础指标名称	计算方法
被解释变量	成长绩效	Growth1	营业收入增长率	本年营业收入/上年营业收入-1
		Growth2	总资产增长率	本年总资产/上年总资产-1
解释变量	总债务杠杆	Delev	资产负债率	总负债/总资产
	流动债务杠杆	Delevc	流动资产负债率	流动负债/流动资产
	债务期限配置	Demat	流动负债占比	流动负债/总负债

念进行了界定，在第五章创业板公司债务杠杆与期限配置分析中，使用资产负债率和流动资产负债率分别对创业板与中小板和主板的总债务杠杆和流动债务杠杆进行了描述性比较分析，使用流动负债占比对不同市场上市公司债务期限配置进行了描述性比较分析。

本章实证分析部分使用资产负债率作为总债务杠杆度量指标，指标数值越大表明债务杠杆越高；使用流动资产负债率度量流动债务杠杆，指标数值越大表明流动债务杠杆越高；由于长期负债与流动负债比可由流动负债占比计算得出，本章实证分析部分仅使用流动负债占比度量债务期限配置，流动负债占比越高通常表明债务期限越短，反之则债务期限越长。处理及计算方式如表 6-1 所示。

（三）控制变量

就资金运营视角而言，除了债务杠杆和债务期限配置因素外，还存在影响成长性的其他因素。考察债务杠杆和债务期限配置对成长性的影响需要控制其他影响因素，控制变量属于解释变量之外的其他影响变量。

现有的研究表明，盈利能力、资金周转效率、现金流量等资金运营要素都有可能影响成长绩效，每一要素均可使用多个指标度量，而同类指标通常存在一定程度的相关性，如果全部纳入模型将导致严重的共线性问题，模型估计结果将不再有效。为此，本书在已有相关文献的基础上挑选出可能影响成长绩效的比值类基础指标，使用因子分析法从同类指标中提取因子，取主要因子作为控制变量，为了体现因子得分的准确意义，同类基础指标均采用正指标形式。此外，在同类研究中，通常认为企业规模影响企业成长绩效，本书亦将其纳入控制变量。用于控制变量及提取因子的基础指标和计算方法如表 6–2 所示。

表 6–2 度量控制变量的基础指标及计算方法

变量名称	代码	基础指标名称	计算方法
企业规模	Lnsize	资产规模	总资产的自然对数
盈利能力	F_1	主营业务利润率	主营业务利润/主营业务收入
		销售净利率	净利润/销售收入
		总资产收益率	税后利润/总资产
		净资产收益率	税后利润/净资产
资金周转能力	F_2	总资产周转率	营业收入/总资产
		流动资产周转率	营业收入/流动资产
		应收账款周转次数	营业净收入/应收账款平均余额
		存货周转次数	销货成本/存货平均余额
现金流量	F_3	现金流总资产比	经营现金流/总资产
		现金流总负债比	经营现金流/总负债
		现金流营业收入比	经营现金流/营业收入

二、方法及模型

本章实证分析部分需要分析债务杠杆和债务结构配置对高科技企业成长的影响。其中，变量处理部分需要用到因子分析方法，而最终成长因素的影响分析则使用线性回归模型。

因子分析方法主要用于因变量和三个资金运营控制变量的提取。成长绩效（Growth）为从营业收入增长率和总资产增长率两个成长性度量指标中提取的公因子；控制变量盈利能力（F_1）是从主营业务利润率、销售净利率、总资产收益率和净资产收益率 4 个盈利能力度量指标中提取的公因子；控制变量资金周转能力（F_2）是从总资产周转率、流动资产周转率、应收账款周转次数和存货周转次数 4 个资金周转度量指标中提取的公因子；控制变量现金流（F_3）是从现金流总资产比、现金流总负债比和现金流营业收入比 3 个反映现金流量指标中提取的公因子。

用于考察是否适合因子分析的指标为 KMO 和 Bartlett 球形度检验，由于成长性因子提取仅有两个基础指标，其 KMO 为固定值 0.5，其他 3 个控制变量因子提取的基础指标为 3 个以上，取公认的 KMO 值大于 0.6 为适合因子分析的标准；Bartlett 球形度检验的显著性要求在 0.01 以下。取第一主因子作为替代变量，要求第一主因子的方差贡献达到 60%以上。

建立的回归模型中，被解释变量为成长性（Growth），用 X 表示解释变量，Y 表示控制变量，基本模型如下：

$$Growth = \alpha_0 + \sum_{i=1}^{k} \alpha_i \cdot x_i + \sum_{j=1}^{m} \beta_j \cdot y_j + \varepsilon \tag{6-1}$$

对模型（6-1）中各变量进行显著性检验，如果检验通过，表明该变量对成长绩效存在显著影响，影响方向由系数符号决定，否则对成长绩效不存在影响。

第三节　样本选取与数据处理

一、样本选取

高科技企业为本章的研究对象，依据第二章对高科技企业的界定，特指获得国家高新技术企业资质认证的企业，获得资质认证的高新技术企业可以享受税收减免等优惠政策。目前，国家对高新技术企业的资质认证实施动态管理，每年进行申报复核，截至 2017 年末，全国共有 11.3 万家国家级高新技术企业。由于非上市企业财务信息不易公开获得，本研究以财务报表信息公开的上市高科技公司为样本来源，其中深圳证券交易所的创业板上市公司中，接近95%的企业为国家认证的高科技企业，以此为选样框确定样本。

截至2018年6月末，创业板共有上市公司729家，由于上市前后两个会计年度财务数据会存在较大变动，实证研究部分挑选上市满一年即2017年以前上市的高科技公司，满足条件的公司共569家。569家2017年以前上市的公司分布在14个行业，其中制造业和信息技术业分别有405家和96家，共501家，占比为88%，其他行业均未超过15家。为了便于行业比较分析，本章实证分析部分以上述501家公司为样本。表6-3为全部样本公司基本信息。

表6-3　样本公司基本信息

行业	公司数	总股本（万股）			流通股本（万股）		
		均值	中位数	标准差	均值	中位数	标准差
制造业	405	51777	39154	46575	36727	25595	36657
信息技术	96	63241	42106	73984	44995	27689	58617
全部	501	54226	40362	53736	38493	26316	42380

无论均值还是中位数，总股本和流通股本规模均显示，信息技术业公司股份规模大于制造业，这与第四章中创业板上市公司成长性行业比较的结果正好相反。从股份规模差异程度比较，信息技术业和制造业总股本变异系数分别为1.17和0.90，信息技术业大于制造业，说明信息技术类企业规模差异相对制造业更大，这与信息技术业发展空间和弹性相对更大有关。

二、数据处理

（一）成长性变量数据处理

第四章对创业板上市公司两个成长指标的正态分布检验结果显示，营业收入增长率和总资产增长率分布均存在较长右尾，即使在剔除极端值的情况下，两者也不服从正态分布。因此，直接使用上述指标作为被解释变量不符合线性回归模型设定前提。处理方法是使用因子分析提取主因子，以主因子作为成长性替代变量。因子分析结果如表 6-4 所示，结果表明，第 1 主成分因子可解释方差整体均在 68%以上，能够解释绝大部分方差变化，使用主因子作为成长性变量有较好的替代性。由于两个成长性指标均为正指标，因此，成长性因子得分越高代表成长性越好。由于成长性因子得分已不再具有成长本身的含义，因此，将成长性因子得分进一步转换为逆向排序，因子得分越高排序值越靠后，说明成长性越好。

表 6-4　成长性指标因子分析结果

行业	KMO 度量	Bartlett 的球形度检验			第 1 主成分解释方差	
		近似卡方	df	Sig.	特征值	方差百分比（%）
制造业	0.500	58.980	1	0.000	1.369	68.460
信息技术	0.500	48.736	1	0.000	1.637	81.868
全部	0.500	71.849	1	0.000	1.366	68.318

（二）控制变量数据处理

盈利能力、周转能力和现金流能力 3 个控制变量均存在多个度量指标，按前文中控制变量选取方法，使用因子分析法提取主因子结果如表 6-5 所示。KMO 度量结果显示，除信息技术业现金流因子接近 0.6 外，盈利能力和资金周转能力值均超过 0.7，较适合用因子分析提取公因子，3 类变量 Bartlett 的球形度检验结果均显著，适合做因子分析。提取的第一主成分因子有非常好的方差解释能力。

表 6-5　控制变量基础指标因子分析结果

控制变量	行业	KMO 度量	Bartlett 的球形度检验			第 1 主成分解释方差	
			近似卡方	df	Sig.	特征值	方差百分比（%）
盈利能力	制造业	0.702	1142.353	6	0.000	2.809	70.213
	信息技术	0.726	431.035	6	0.000	3.132	78.309
周转能力	制造业	0.703	637.539	6	0.000	2.446	61.160
	信息技术	0.740	397.471	6	0.000	2.878	71.944

续表

控制变量	行业	KMO 度量	Bartlett 的球形度检验			第 1 主成分解释方差	
			近似卡方	df	Sig.	特征值	方差百分比（%）
现金流量	制造业	0.687	753.999	3	0.000	2.447	81.566
	信息技术	0.596	96.068	3	0.000	2.043	68.108

3 类控制变量的因子分析结果较为理想，因此，本章实证分析部分使用 3 类指标第一主成分因子得分分别作为 3 类控制变量的取值，由于 3 类指标的所有基础指标均为正向指标，所以因子得分也属于正向指标，即因子得分越高，代表盈利能力和周转能力越强、现金流越好。

（三）解释变量数据处理

根据第二章对债务杠杆的界定，解释变量总债务杠杆使用资产负债率度量。第五章对资产负债率的区间分布和正态分布检验结果表明，创业板上市公司的资产负债率指标为严重的右偏分布，存在长右尾，因此，本章实证研究部分将资产负债率处理为顺序变量，即按指标值由低到高排序，最低资产负债率取 1，排序值越大表明债务杠杆越高。

根据第二章对流动债务杠杆的界定，解释变量流动债务杠杆使用流动资产负债率度量。第五章对创业板公司流动资产负债率的区间分布和正态分布检验结果表明，该指标为严重的右偏分布，存在长右尾，因此，本章实证研究部分将流动资产负债率亦处理为顺序变量，即按指标值由低到高排序，最低流动资产负债率取 1，排序值越大表明流动债务杠杆越高。

根据第二章对债务期限配置的界定，解释变量债务期限配置表示债务期限长短，由于难以得到债务平均期限，通常使用流动负债占总负债之比表示，占比越高表明债务平均期限越短。第五章对流动负债占比的区间分布分析表明，创业板上市公司在长短债结构配置上存在严重不均衡，流动负债占比中位数达到 91%，即有一半的公司流动负债占比超过 91%，75%的公司流动负债占比在 80%以上。这表明，采用位次替代原指标可能夸大了不同公司在债务配置期限上的差异，因此，本研究按等距分组将原指标转换为 10 个等级，10%以下为 1，10%~20%为 2，依次类推，以等级值作为债务期限配置变量，等级值越大，表明债务期限越短。

第四节　债务杠杆、债务结构配置与高科技企业成长性相关分析

一、总债务杠杆与高科技企业成长性相关分析

尽管各种现代资本结构理论对债务杠杆与企业成长间的关系并未得出相同结论，但对两者存在关联这一问题上有一致认识。由于企业成长微观决定因素的复杂性以及各国宏观层面的差异，学者们关于债务杠杆与企业成长性之间的实证研究结论存在诸多分歧，主要有以下四种结论：债务杠杆与企业成长存在负向影响关系、债务杠杆与企业成长存在正向影响关系、债务杠杆与企业成长无线性相关、债务杠杆与企业成长在不同的债务杠杆区间存在不同的关系。

本节使用债务杠杆排序和成长主因子排序分别代表债务杠杆和成长绩效变量，以前文选定的创业板市场高科技样本公司数据对两者相关关系进行分析。

（一）全部样本公司债务杠杆与成长性相关分析

全部 501 家高科技样本公司资产负债率指标与成长性相关分析如表 6-6 所示，其中，杠杆区间的划分是按杠杆排序后从低到高分组，取前、中、后各 1/3 分别代表低、中、高杠杆。

表 6-6　全部高科技样本公司资产负债率与成长性相关分析

指标	整体	低杠杆	中等杠杆	高杠杆
相关系数	0.290**	0.204**	0.008	0.215**
观测数	501	167	167	167

注：** 表示在 0.01 的显著性水平下相关。

从整体看，资产负债率与成长性在 0.01 的显著性水平下显著正相关，表明债务杠杆越高，成长性越高；分不同杠杆比较，在低杠杆和高杠杆两个区间，资产负债率与成长性显著正相关，但中等杠杆区间，相关系数极低且不能通过检验，说明两者无相关性。这表明，尽管高科技样本企业债务杠杆与成长性整体表现出相关性，但在不同杠杆区间存在不同表现。

需要注意的是，上述简单线性相关分析仅考虑了债务杠杆对成长性的影响，还不能得出债务杠杆是否对高科技企业成长性存在影响的结论，需要进一步考察偏相关系数，这一分析将在本章实证分析部分通过模型回归得出。

（二）分行业债务杠杆与成长性相关分析

分行业看，相关性表现出较大差别，制造业资产负债率与成长性之间整体显著正相关，而信息技术业虽然相关系数为正，但整体相关性不显著。

分不同杠杆水平看，制造业资产负债率与成长性之间在低杠杆和高杠杆两个区间存在显著正相关，在中等杠杆区间则不存在显著正相关，这与不分行业的情况相同；信息技术业在所有杠杆区间均不存在正相关，但意外的是在中等杠杆区间表现出较强的负相关，与制造业有较大差异。这表明，在中等债务杠杆区间，分行业看，总债务杠杆对成长性均无显著正向影响。具体如表 6-7 所示。

表 6–7 分行业高科技样本公司资产负债率与成长性相关分析

行业	项目	整体	低杠杆	中等杠杆	高杠杆
制造业	相关系数	0.318**	0.192*	0.046	0.212*
	观测数	405	135	135	135
信息技术业	相关系数	0.161	0.190	–0.412*	0.192
	观测数	96	32	32	32

注：** 和 * 分别表示在 0.01 和 0.05 的显著性水平下相关。

二、流动债务杠杆与高科技企业成长性相关分析

对企业债务的考察除了要求适度的总债务杠杆外，还要求债务期限结构与资产结构相匹配，以减少由于企业资产产生的现金流可能不足以用来支付利息和投资需要而带来的风险。如果债务期限比资产期限短，则企业有可能在债务到期时缺乏足够的现金来偿还债务；如果债务期限比资产期限长，则在资产寿命已经终止时还要继续为未到期的债务支付利息。通过将债务期限与资产期限匹配起来，企业创造了一种自然的套期保值方式，减少了财务危机风险。根据第二章对债务杠杆和债务期限结构配置的定义，流动资产负债率除了反映流动债务杠杆程度，还代表了短期债务与流动资产的匹配程度。

（一）全部高科技样本公司流动债务杠杆与成长性相关分析

以成长性因子排序作为成长变量，流动资产负债率排序代表流动债务杠杆值，全部 501 家高科技样本公司流动资产负债率与成长性相关分析如表 6–8 所示，其中，流动资产负债率区间的划分是按指标排序后从低到高分组，取前、中、后各 1/3 分别代表低、中和高三个区间。

表 6–8 全部高科技样本公司流动资产负债率与成长性相关分析

指标	整体	低比率区间	中等比率区间	高比率区间
相关系数	0.664**	0.304**	0.235**	0.352**
观测数	501	167	167	167

注：** 表示在 0.01 的显著性水平下相关。

从整体看，流动资产负债率与成长性在 0.01 的显著性水平下显著正相关，分高、中、低三个区间分别看，各区间正相关关系依然成立。这表明，流动资产负债率越高则高科技企业成长性越高，与总债务杠杆表现出一致性。

（二）分行业流动债务杠杆与成长性相关分析

分行业看，两个行业整体均表现出较强的相关性，制造业分三个区间也均表现出显著正相关；但信息技术业略有不同，高和低流动资产负债率区间相关系数尽管与制造业接近，但由于观测数较少而未能通过显著性检验，但中等比率区间相关系数为负，正相关关系明显不成立（见表 6-9）。

表 6-9 分行业高科技样本公司流动资产负债率与成长性相关分析

行业	项目	整体	低比率区间	中等比率区间	高比率区间
制造业	相关系数	0.702**	0.297**	0.318**	0.245**
	观测数	405	135	135	135
信息技术业	相关系数	0.490**	0.282	–0.090	0.345
	观测数	96	32	32	32

注：** 表示在 0.01 的显著性水平下相关。

三、债务期限结构配置与高科技企业成长性相关分析

企业的债务期限选择除了受宏观经济环境、行业景气周期等外部环境因素影响外，更主要地取决于企业自身的生产经营和发展战略需要。现代财务管理理论中关于债务期限结构选择的研究理论主要有契约成本假说、信号传递假说和税收假说等，这些理论围绕债务期限结构的影响因素以及债务期限结构与公司价值或绩效的关系进行了研究，其中，不同理论关于债务期限结构与成长性的关系方面有不同解释，实证研究结论也存在分歧。在第一章的文献综述部分，通过梳理得出，债务期配置与企业成长间的关系主要有三种结论：债务期限与企业成长性负相关、债务期限与企业成长性正相

关、债务期限与企业成长性不相关或与债务类型不同。

使用流动负债占比等级代表债务期限，以成长主因子排序代表成长绩效变量，以前文选定的创业板市场高科技样本公司数据对两者相关关系进行分析。

表 6-10 高科技样本公司流动负债占比等级与成长性相关分析

	全部	制造业	信息技术业
相关系数	-0.021	0.001	-0.12
观测数	501	405	96

表 6-10 的结果表明，流动负债占比等级与成长性间的相关系数极低，表明债务期限配置与高科技企业成长性之间不存在相关关系。这与前文中流动负债占比集中分布在 80%以上的高比例区间相吻合，或者说，在高科技样本公司流动负债占比几乎无区别的情况下，其成长速度却分布在较宽的不同区域，因此两者无相关关系也在情理之中。

第五节 债务杠杆、期限配置与高科技企业成长绩效的回归分析

一、回归模型拟合结果

根据第四章创业板上市公司成长性分析，两个成长性指标营业收入增长率和总资产增长率分析从产出和产能角度衡量成长性，均不服从正态分布且存在较长右尾，不适合直接作为线性回归模型的被解释变量，因此，本章变量选取与数据处理部分使用因子分析法从两个变量中提取主成分，结果显示，存在 1 个特征值大于 1 的主

因子，将成长主因子得分进一步转换为排序，取排序值作为成长绩效（Growth）。原始指标营业收入增长率和总资产增长率均为正向指标，因此，因子得分越高其排序值越高，代表成长性越好。

债务杠杆和债务期限配置为解释变量。其中，总债务杠杆使用资产负债率（Debr）度量，流动债务杠杆使用流动资产负债率（Cdebr）度量，债务期限配置使用流动负债占比（Demat）度量。第五章对创业板上市公司三个债务指标的分析表明，资产负债率和流动资产负债率均不服从正态分布且存在长右尾，因此，本章实证研究部分将资产负债率和流动资产负债率处理为顺序变量，即按指标值由低到高排序，最低取 1，排序值越大表明总债务杠杆或流动债务杠杆越高。根据第二章对债务期限配置的界定，通常使用流动负债占总负债之比度量债务期限配置，占比越高表明债务平均期限越短，第五章对流动负债占比的区间分布分析表明，上市公司在长短债结构配置上存在严重不均衡，创业板上市公司流动负债占比中位数达到 91%，即有一半的公司流动负债占比超过 91%，75%的公司流动负债占比在 80%以上。因此，采用位次替代原指标可能夸大了不同公司在债务配置期限上的差异，在变量选取和数据处理部分按等距分组将原指标转换为 10 个等级，10%以下为 1，10%~20%为 2，依次类推，以等级值作为债务期限配置变量，等级值越大，表明债务期限越短。

盈利能力因子（F_1）、周转能力因子（F_2）、现金流量因子（F_3）和企业规模（Lnsize）为模型中的控制变量。本章变量选取与数据处理部分对 3 类指标的因子分析结果显示，3 类指标均存在一个明显的主因子，以因子得分作为控制变量，3 类指标的各基础指标均为正向指标，因此，因子得分越高，表明盈利能力、周转能力和现金流越好。

在上述处理的基础上建立的回归模型如下：

$$Growth = \alpha_0 + \alpha_1 \cdot Debr + \alpha_2 \cdot Cdebr + \alpha_3 \cdot Demat + \beta_1 \cdot F_1 + \beta_2 \cdot F_2 + \beta_3 \cdot F_3$$

$+\beta_4 \cdot Lnsize+\varepsilon$ (6-2)

模型（6-2）中，α_1、α_2 和 α_3 分别为总债务杠杆（Debr）、流动债务杠杆（Cdebr）和债务期限配置（Demat）变量系数；β_i 为各控制变量系数。

（一）整体及分行业回归结果

对上述模型按 OLS 方法分行业回归，结果如表 6-11 所示。

表 6-11 高科技样本公司成长性影响因素整体及分行业回归结果

变量	制造业			信息技术业			整体		
	系数 β	t	Sig.	系数 β	t	Sig.	系数 β	t	Sig.
常数项	42.630	1.152	0.250	195.419	1.657	0.101	62.992*	1.748	0.081
Debr	0.216**	5.093	0.000	0.078	0.723	0.472	0.173**	4.388	0.000
Cdebr	0.640**	17.499	0.000	0.450**	4.502	0.000	0.600**	17.296	0.000
Demat	−3.161	−0.895	0.371	−11.116	−1.030	0.306	−4.164	−1.220	0.223
F_1	31.673**	4.239	0.000	18.907*	2.304	0.024	23.814**	4.630	0.000
F_2	−30.425**	−3.475	0.001	4.687	0.695	0.489	−5.823	−1.223	0.222
F_3	−2.790	−0.445	0.657	−14.591	−1.151	0.253	−7.633	−1.417	0.157
Lnsize	4.894	0.713	0.477	7.189	0.468	0.641	9.026	1.441	0.150
模型汇总	N = 405，R^2 = 0.562 F = 72.640**（0.000）			N = 96，R^2 = 0.314 F = 5.761**（0.000）			N = 501，R^2 = 0.498 F = 69.732**（0.000）		

注：* 和 ** 分别表示在 0.05 和 0.01 的水平下显著（单侧），显著性为双侧值。

从模型回归效果看，整体以及分两个行业 F 值的显著性水平均达到 0.000，模型显著成立。进一步比较模型的 R^2 和 F 值，制造业优于信息技术业。

从总债务杠杆解释变量的显著性检验结果看，资产负债率（Debr）在全部高科技样本公司和制造业样本公司中均通过显著性检验且系数为正，说明资产负债率对成长性构成显著正向影响，总债务杠杆越高则高科技企业成长性越好；但债务杠杆对信息技术业成长性的影响未通过显著性检验，说明债务杠杆对高科技企业成长性的影响存在行业差异。

从流动债务杠杆解释变量的显著性检验结果看，两个行业和全部样本中流动资产负债率（Cdebr）均表现出较好的显著性且系数为正，说明流动资产负债率对高科技企业的成长性存在显著的正面积极影响。因此，提高流动资产负债率有助于高科技企业快速成长，结合第五章创业板上市公司债务杠杆分析结果，制造业和信息技术业流动资产负债率中位数值均只有约 40%，高于公认的债务保障安全水平，即便如此，由于流动负债占比普遍较高，制约了流动资产负债率的进一步提升空间。

从另一个解释变量债务期限配置的显著性检验结果看，两个行业及整体的流动负债占比（Cemat）均未能通过显著性检验，表明流动负债占比对成长性并未产生显著影响。这可以解释为何创业板市场一半的公司流动负债占比超过 91%、76%的公司超过 80%的结果，因为在长债短贷不影响高科技企业成长性的前提下，既可以减小债务成本，又可以提高流动资产负债率，进而促进企业成长。

从 3 个影响因子控制变量的显著性检验结果看，盈利能力因子对整体及两个行业的成长性均存在显著的正向影响；现金流量因子系数整体及两个行业均为负，但未通过显著性检验，说明对成长性存在一定的负面影响但这种影响不显著；资金周转因子对整个高科技样本公司不存在显著影响，但对制造业有显著的负向影响，对信息技术业则无影响。

从企业规模控制变量的显著性检验结果看，整体及两个行业均未通过检验，表明高科技企业成长速度与初始规模无关，这一结果符合 Gibrat 法则。

（二）不同债务杠杆区间回归结果比较

根据第一章文献综述部分和第二章债务杠杆与成长性关系的理论分析，债务杠杆与成长性之间存在负相关、正相关和不同债务杠杆区间有不同关系的多种可能情况，因此有必要分不同债务杠杆区间对高科技企业债务杠杆和成长性的关系进行实证比较分析。本部分按两个债务杠杆指标分别划分区间进行回归，考察不同区间债务杠杆与高科技企业成长性的关系。

按照前文债务杠杆区间的划分方法，将债务杠杆指标排序结果3等份划分为高、中、低三个等级，按3个等级分别回归，按资产负债率划分区间的回归结果如表6-12所示，按流动资产负债率划分区间的结果如表6-13所示。

表 6-12　按资产负债率划分不同杠杆区间回归结果

变量	低杠杆			中等杠杆			高杠杆		
	系数 β	t	Sig.	系数 β	t	Sig.	系数 β	t	Sig.
常数项	87.261	1.279	0.203	-10.749	-0.012	0.990	56.255	0.567	0.571
Debr	0.496**	2.645	0.009	0.118	0.752	0.453	0.322*	1.693	0.092
Cdebr	0.606**	9.387	0.000	0.641**	11.091	0.000	0.538**	8.680	0.000
Demat	-9.691	-1.394	0.165	3.379	0.667	0.506	-7.131	-1.170	0.244
F_1	42.361**	2.361	0.019	53.873**	3.001	0.003	21.396**	3.686	0.000
F_2	-21.516	-1.423	0.157	-1.716	-0.108	0.914	-3.579	-0.653	0.515
F_3	7.542	0.791	0.430	-12.620	-0.978	0.329	-24.600**	-2.739	0.007
Lnsize	3.701	0.309	0.758	8.188	0.740	0.460	2.708	0.255	0.799
模型汇总	$R^2=0.461$，F = 19.396**			$R^2=0.565$，F = 29.550**			$R^2=0.446$，F = 18.293**		

注：* 和 ** 分别表示在 0.05 和 0.01 的水平下显著（单侧），显著性为双侧值。

表 6-13　按流动资产负债率划分不同杠杆区间回归结果

变量	低杠杆			中等杠杆			高杠杆		
	系数 β	t	Sig.	系数 β	t	Sig.	系数 β	t	Sig.
常数项	101.056*	1.702	0.091	73.210	0.869	0.386	-35.392	-0.383	0.702
Debr	0.201**	2.641	0.009	0.316**	4.089	0.000	0.151**	2.669	0.008
Cdebr	0.729**	3.652	0.000	0.406**	2.356	0.020	0.589**	3.854	0.000
Demat	-8.199	-1.573	0.118	-1.716	-0.245	0.807	3.681	0.574	0.567
F_1	19.964**	3.262	0.001	98.379**	4.071	0.000	35.222*	1.725	0.086
F_2	-18.902	-0.974	0.331	-30.922*	-2.313	0.022	1.345	0.280	0.780

续表

变量	低杠杆			中等杠杆			高杠杆		
	系数 β	t	Sig.	系数 β	t	Sig.	系数 β	t	Sig.
F_3	−10.989	−1.300	0.196	−12.768	−1.024	0.307	−3.936	−0.371	0.711
Lnsize	1.685	0.145	0.885	−3.277	−0.288	0.774	24.858**	2.583	0.011
模型汇总	$R^2=0.220$，$F=6.408^{**}$			$R^2=0.241$，$F=7.215^{**}$			$R^2=0.220$，$F=6.404^{**}$		

注：* 和 ** 分别表示在 0.05 和 0.01 的水平下显著（单侧），显著性为双侧值。

按资产负债率划分区间的回归结果看，3 个杠杆区间回归方程整体显著。流动资产负债率均对成长性有显著正向影响，而资产负债率仅在高和低两个杠杆区间对成长性存在显著正向影响；流动负债占比在 3 个区间对成长性均无影响，企业规模控制变量对成长性也不存在显著影响。3 个资金运营影响因子中，盈利能力在各杠杆区间对成长性均有显著正向影响，另外 2 个因子系数符号均为负，但大多数情况下不显著。

按流动资产负债率划分区间的回归结果看，3 个区间回归方程显著成立。不同区间的共同点是资产负债率和流动资产负债率均对高科技企业成长存在显著正向影响，流动负债占比均对成长性无影响。盈利能力在 3 个区间均对成长性有显著正向影响，现金流因子系数符号均为负，但对成长性的负向影响不显著，资金周转因子对成长性的影响则在不同区间差异较大，无明显规律。

二、稳健性检验

上述回归结果仅使用了样本公司 2017 年财务报表数据，当更换样本后回归分析所得结论是否成立，还需要对模型进行稳健性检验。为此，遵照本章样本选取方法和原则，以 2016 年为考察期选取样本共 387 家，其中，制造业 318 家，信息技术业 69 家。取样本公司 2016 年财务报表指标，数据及变量处理与前节相同。对稳健性检验样本数据重新回归，以检验各债务杠杆和期限配置变量的显著性是否发生明显变化。

从样本整体及分行业回归结果看（见表 6-14），R^2 和 F 值略有下降，但 3 种情况下模型仍显著成立，回归模型表现出较好的稳定性。从债务杠杆变量和债务期限配置变量的显著性看，流动负债占比对成长性的影响均不显著，与原样本回归结果一致；在 0.05 的显著性水平下，资产负债率和流动资产负债率对成长性均存在显著的正向影响，与原样本结果一致，但显著性略有下降。

表 6-14　高科技样本公司成长性影响因素整体及分行业回归结果（2016 年样本数据）

变量	制造业			信息技术业			整体		
	系数 β	t	Sig.	系数 β	t	Sig.	系数 β	t	Sig.
常数项	23.142	0.064	0.949	54.370	0.406	0.686	18.881	0.194	0.846
Debr	0.081*	1.779	0.076	0.208*	2.112	0.039	0.173*	1.769	0.078
Cdebr	0.126*	1.815	0.070	0.303*	2.130	0.037	0.217*	2.228	0.026
Demat	−0.073	−.016	0.987	2.621	0.225	0.823	0.435	0.104	0.917
F_1	18.322**	4.387	0.000	11.324*	1.993	0.051	20.311**	4.267	0.000
F_2	0.043	0.768	0.443	2.133	1.501	0.138	0.038	0.690	0.490
F_3	−0.126	−1.643	0.101	−1.101	−0.077	0.939	−0.131*	−1.714	0.087
Lnsize	4.296	1.350	0.178	4.349	1.364	0.177	2.780	0.844	0.399
模型汇总	N = 318，R^2 = 0.222 F = 17.304**（0.000）			N = 69，R^2 = 0.207 F = 2.278*（0.040）			N = 387，R^2 = 0.203 F = 17.920**（0.000）		

注：* 和 ** 分别表示在 0.05 和 0.01 的水平下显著（单侧），显著性为双侧值。

从按资产负债率划分的不同杠杆区间回归结果看（见表 6-15），3 个杠杆区间模型仍显著成立。3 种情况下流动负债占比均未通过显著性检验；在 0.05 的显著性水平下流动资产负债率均对成长性有显著正向影响，比原样本的显著性稍有下降；分杠杆区间结果与原样本基本一致，中等杠杆区间资产负债率对成长性正向影响不显著，低和高杠杆区间有正向影响。

表 6-15　按资产负债率划分不同杠杆区间回归结果（2016 年样本数据）

变量	低杠杆			中等杠杆			高杠杆		
	系数 β	t	Sig.	系数 β	t	Sig.	系数 β	t	Sig.
常数项	41.142	−0.577	0.565	99.597	1.129	0.260	105.255	0.920	0.359
Debr	0.248*	1.836	0.069	0.466	1.437	0.154	0.312*	2.240	0.027
Cdebr	0.492*	2.320	0.022	0.107*	1.772	0.079	0.392*	1.812	0.072
Demat	3.021	0.431	0.667	−0.015	−0.002	0.998	−4.189	−0.515	0.607
F_1	0.162**	2.530	0.013	0.427**	3.186	0.002	0.678**	3.959	0.000
F_2	−0.043	−0.513	0.609	−0.002	−0.016	0.987	0.065	0.651	0.516
F_3	−0.047	−0.419	0.676	−0.053	−0.339	0.735	−0.370	−1.513	0.133
Lnsize	5.172*	1.727	0.087	4.385	1.017	0.311	7.766	1.226	0.223
模型汇总	$R^2=0.213$，$F=6.264^{**}$			$R^2=0.230$，$F=6.960^{**}$			$R^2=0.186$，$F=4.964^{**}$		

注：* 和 ** 分别表示在 0.05 和 0.01 的水平下显著（单侧），显著性为双侧值。

从按流动资产负债率划分的不同杠杆区间回归结果看（见表 6-16），3 个杠杆区间模型均显著成立，债务变量显著性与原样本无明显区别。3 个区间资产负债率和流动资产负债率均对成长性有显著正向影响，流动负债占比对成长性不存影响。

表 6-16　按流动资产负债率划分不同杠杆区间回归结果（2016 年样本数据）

变量	低杠杆			中等杠杆			高杠杆		
	系数 β	t	Sig.	系数 β	t	Sig.	系数 β	t	Sig.
常数项	−17.819	−0.270	0.787	−8.715	−0.829	0.409	5.487	0.458	0.647
Debr	0.047*	2.205	0.029	0.269*	1.736	0.084	0.358*	2.208	0.029
Cdebr	0.347*	2.044	0.043	0.874**	3.160	0.002	0.061*	1.771	0.079
Demat	0.350	0.056	0.955	1.776	0.223	0.824	−4.594	−0.491	0.624
F_1	0.154**	2.495	0.014	0.350**	2.694	0.008	0.664**	3.717	0.000
F_2	0.046	0.534	0.594	−0.016	−0.138	0.890	−0.040	−0.377	0.706
F_3	−0.023	−0.201	0.841	−0.173	−1.245	0.215	−0.261	−1.644	0.102
Lnsize	4.360	0.585	0.560	3.484	1.204	0.231	14.434	1.672	0.097
模型汇总	$R^2=0.182$，$F=5.148^{**}$			$R^2=0.234$，$F=6.990^{**}$			$R^2=0.184$，$F=4.981^{**}$		

注：* 和 ** 分别表示在 0.05 和 0.01 的水平下显著（单侧），显著性为双侧值。

使用新样本对模型重新回归的结果表明，各种情形下模型均显著成立，各债务杠杆变量的显著性未发生明显变化，说明模型有较好的稳健性，依据样本回归得到的结果具有一定的可靠性。

第六节　实证分析结论

一、实证分析总结

以营业收入增长率和总资产增长率提取成长因子，进一步将成长因子转换为成长排序衡量高科技企业成长绩效，以资产负债率排序作为总债务杠杆、以流动资产负债率（流动比的倒数）排序作为流动债务杠杆（短期经营杠杆），以流动负债占比等级度量债务期限配置。以成长绩效作为被解释变量，以债务杠杆和债务期限配置作为解释变量，同时引入盈利能力因子、资金周转因子、现金流量因子和总资产对数表示的企业规模作为控制变量，构建线性回归模型。使用创业板高科技样本公司数据的回归结果表明，债务杠杆对高科技企业成长存在显著正向影响，债务期限配置对高科技企业成长无显著影响。各种情况下具体结果如表 6–17 所示。

表 6–17　各债务变量对高科技企业成长绩效的影响

变量	整体	制造业	信息技术业	资产负债率区间			流动资产负债率区间		
				低	中	高	低	中	高
总债务杠杆	正向**	正向**	无	正向**	无	正向*	正向**	正向**	正向**
流动债务杠杆	正向**	正向**	正向**	正向**	正向**	正向**	正向**	正向**	正向**
债务期限配置	无	无	无	无	无	无	无	无	无

注：* 和 ** 分别表示在 0.05 和 0.01 的水平下影响显著（单侧）。

从表 6–17 中可以看出，流动债务杠杆在所有情形下对成长绩效均有显著正向影响，债务期限配置所有情况下对成长绩效均无影响；9 种情形中总债务杠杆有 7 种情形对成长绩效有显著影响，存在行业差异，按资产负债率划分杠杆区间略有差异，按流动资产负债率划分杠杆区间则不存在差异。

二、假设检验结果

为考察债务杠杆和期限配置对高科技企业成长绩效的影响，本章第一节从相关理论和实践出发提出了以下四个假设：

假设 1–1：债务杠杆对我国高科技企业成长整体不存在正面积极影响。

假设 1–2：在不同的债务杠杆区间，债务杠杆对我国高科技企业成长的影响效应不同。

假设 2–1：高科技企业债务与资产结构匹配程度越高，成长性越好。

假设 2–2：流动债务占比对高科技企业成长有显著影响，其影响方向待定。

整体看，无论是以资产负债率表示的总杠杆，还是以流动资产负债率表示的短期经营债务杠杆（流动债务杠杆），债务杠杆均对高科技企业成长绩效存在显著的正向积极影响，因此假设 1–1 不能成立。但不同的行业总债务杠杆的影响略有差异，短期经营债务杠杆的影响则不存在行业差异。

分杠杆区间看，按流动资产负债率划分的高、中、低 3 个杠杆区间，总债务杠杆和短期经营债务杠杆均对高科技企业成长绩效有显著正向影响；按资产负债率划分的高、中、低 3 个杠杆区间，总债务杠杆、短期经营债务杠杆均对高科技企业成长绩效有显著正向影响，总债务杠杆对成长绩效的影响略有差异。综合而言，在不同的债务杠杆区间，债务杠杆对高科技企业成长绩效的影响基本不存在差异。因此，假设 1–2 不能成立。

根据第二章债务杠杆和债务结构配置的概念，流动资产负债率既反映了短期经营杠杆，也反映了债务与资产结构的匹配程度。由于流动资产负债率等于流动比的倒数，通常认为超过 2 倍的流动比（对应于超过 50%的流动资产负债率）属于流动负债缺乏足够的安全保障，说明负债与资产的结构匹配差。由表 6–17 的总结可以看出，在所有情形下，流动资产负债率对高科技企业成长绩效均有显著正向影响，因此，假设 2–1 不能成立。

流动负债占比反映了债务期限长短，占比越高表明整体债务期限越短，反之，说明整体债务期限越长。回归结果表明，所有情形下，流动负债占比均对高科技企业成长绩效既无显著正向影响，也无显著负向影响。因此，假设 2–2 不能成立。

第七章
政策建议及研究总结

第一节　基本结论与启示

一、基本结论

尽管影响高科技企业成长的内外因素众多，每个高科技企业成长的路径难以复制，但其成长仍有自身的规律。本书主要从资金运营视角考察债务杠杆和债务结构配置对高科技企业成长绩效的影响，这一研究的基本假设前提是：成长绩效是企业营业收入和资产的增长，所有内外因素对成长绩效的影响最终需要通过一系列的资金运营管理得以实现，资金运营因素是影响成长绩效的变量，其中，债务杠杆和债务结构配置是本书需要研究考察的因素。选择创业板高科技上市公司为样本，通过实证分析得出了以下基本结论：

（1）债务杠杆对高科技企业成长有显著的积极影响。无论使用总资产负债率度量，还是使用流动资产负债率度量，债务杠杆越高，高科技企业成长绩效越好，债务杠杆越低，高科技企业成长绩效相对更差。

（2）企业负债与资产结构的匹配只是从财务风险角度出发的资

产管理策略，与高科技企业成长战略存在一定的内在冲突。使用流动资产负债率反映企业负债与资产结构的匹配程度，流动资产负债率越高，对应负债与资产结构不匹配程度越高，但对高科技企业而言成长绩效却更好。

（3）债务期限选择对高科技企业成长绩效不构成影响。债务期限配置反映了企业长短期债务结构的选择。流动负债占比越高表明债务期限越短，但债务期限长短与高科技企业成长绩效不存在关联。高科技样本公司的高流动负债占比既不影响成长绩效又能减少债务利息支出，或许可以解释其普遍存在的长债短置现象。

二、启示意义

对创业板高科技样本公司的实证分析结果表明，高债务杠杆有助于高科技企业快速成长，特别是日常经营中使用较高的流动债务杠杆，而畸形的债务结构配置并未对高科技企业成长绩效产生不利影响。此外，较好的盈利能力对高科技企业成长产生了显著的积极影响。这一结论对高科技企业的资金运营管理而言具有如下启示意义。

（一）保持流动性和财务危机风险可控的前提下，加杠杆有助于高科技企业快速成长

实证分析结果表明，债务杠杆对高科技企业成长绩效存在显著正向积极影响。从创业板上市公司整体杠杆情况看，资产负债率和流动资产负债率中位值分别为29%和42%，与中小板的38%和53%、主板的46%和63%相比，属于较低杠杆，还有较大的杠杆提升空间，不会对流动性和财务风险产生影响。因此，从杠杆空间角度看，仍有一定的成长性提升潜力。

（二）在总杠杆受控时，放松负债与资产结构匹配有助于实现高科技企业快速成长

尽管财务管理理论上强调负债与资产结构匹配，但其出发点是

控制企业财务风险、克服投资不足和过度投资等问题，并未考虑企业成长性。如果将流动负债与流动资产对应、长期负债和非流动资产对应作为负债与资产结构的对应关系，传统观点通常以不超过50%的流动负债与流动资产比（2倍的流动比）作为负债与资产结构配置的合适界限。实证研究结果显示，高科技企业流动资产负债率对成长性有显著正向影响，因此，提高流动负债与流动资产比有助于高科技企业快速成长。这意味着在总杠杆率不变的前提下，降低流动资产在总资产中的比例可以提高流动负债与流动资产比，进而有助于企业快速成长，但这一策略应以保证一定的流动性为前提。

（三）缩短债务期限有助于间接促进高科技企业成长

债务期限结构的税收假说理论认为，不同期限债务的税盾效应差异决定了公司价值最大化的最优债务期限结构设计，税率和利率期限结构是影响债务期限结构选择的因素。由于我国高科技企业因享受税收优惠可能使税盾效应弱化，长短期债务的利息差并未对税率有明显影响，因此债务期限配置与高科技企业成长不存在关联，实证分析结果也与此一致。但通常短期债务成本更低，可以提高企业盈利能力，而实证分析结果表明，盈利能力对高科技企业成长有显著正向影响。因此，缩短债务期限可以间接促进高科技企业成长。

（四）实施高成长战略需要协调处理好经营现金流和资金周转效率等运营目标

实证结果显示，多数情形下，资金周转效率和经营现金流对高科技企业成长有负面影响，尽管这种影响不太显著，但说明实施高成长战略可能与资金周转效率和经营现金流提升有一定冲突。企业管理实践中通常认为经营现金流越大越好，其中最大影响因素是销售货款的回收。显然，经营现金流是保证企业持续稳定经营和良好举债能力的关键指标，但严格的销售回款要求会对销售产生负面影响。影响资金周转效率的外部因素主要是应收账款，过快的应收账款周转率可能是由紧缩的信用政策引起的，其结果可能会危及企业的销售增长，损害企业的市场占有率。因此，对资金周转效率和经营现金流的过高要求可能不利于高科技企业成长。

第二节 政策建议

在当前宏观“去杠杆”背景下，企业普遍存在资金紧张问题。截至 2018 年 6 月末，通过认证的国家级高新技术企业已有 11 万多家，而上市的高新技术企业不到 1200 家，绝大多数高科技企业需要依靠债务融资解决资金问题。鉴于债务杠杆对高科技企业成长绩效有正向积极影响，为扶持高科技产业快速成长，国家应在债务融资方面为高科技企业提供政策支持。在资金供给总量有限的情况下，政策支持需要重点解决支持谁以及如何支持的问题。

一、政策实施的着力点

鉴于高科技企业的重要地位，从政策层面对高科技企业提供支持显得尤为重要。当前我国已制定出台了一系列面向高科技产业的资金支持政策，但实施效果与目标相比仍存在较大差距，其中一个重要原因是未找准政策实施的切入点，政策缺乏针对性与灵活性。只有找准着力点，加以定向支持，才能精准发力，以有限的资金资源收到最好的实施效果。政策支持的针对性和灵活性体现在两个方面：一是支持对象的确定；二是对象需要哪方面的重点支持。

（一）支持对象的确定

由于资金资源的有限性，支持政策要有好的实施效果必然基于对象的精准确定。

首先，支持对象的确定必须以符合国家产业发展政策和战略目标为大前提，属于国家优先发展、居于关键领域、为重大战略实施提供支撑的产业需要优先和重点支持。

其次，应制定企业资金运营考核方面的量化评价体系，重点支持考核合格的高科技企业。

（二）根据企业出现资金问题的原因定向支持

企业运营是一个动态过程，其财务状况会出现波动变化，资金支持必须根据企业资金面的变化保持灵活性。企业资金运营涉及资金筹集、周转、回收及支出使用等多个环节，企业出现资金困难的原因也就各有差异，比如，筹集来源不同则资金成本不同，对企业资金运营的效益提出的要求也相应不同；杠杆率越高客观上要求周转效率更高。对企业的资金支持应该区分原因，如果周转效率低下，应附加对企业市场开拓与销售回款的动态考察；如果企业是因偿还短期债务导致的资金紧张，则资金支持应考虑债务结构的改善；如果是资金运营成本过高，则资金支持的重点应转向低成本融资方式。只有找准原因、对症下药，才能收到最好的效果。

二、金融机构和市场服务机构

当前中小高科技企业融资难问题尤为突出，发展面向中小高科技企业的金融机构和市场中介服务机构是解决这一问题最直接有效的途径之一。在欧美、日本等一些发达国家，有覆盖面广的专门针对中小企业的金融体系，许多国家都专门成立扶持中小高科技企业的中小金融机构或在大型商业银行内部成立专门部门，以及风险投资、信用评级等中介服务机构。目前，我国融资市场的供给方主体单一，应大力发展新型金融机构和市场服务机构，以丰富市场主体，加强供给方的市场竞争行为，提高服务质量、降低企业融资成本。

（一）鼓励大型商业银行内部设立面向中小型高科技企业的专营机构

2016 年初，国务院下发《推进普惠金融发展规划（2016~2020

年)》，该规划提出，鼓励大型银行加快建设中小企业专营机构。当前，国务院在推动金融改革创新试点工作中，将专营化金融机构作为中小企业金融服务改革创新实验区的重要内容，进一步显示了发展专营化金融机构对解决中小企业融资难的重大意义。在实际操作中，各大商业银行对规划反应并不积极，一方面是因为国有商业银行经营思维的固化，另一方面涉及全社会信用及风险控制机制尚不完备。因此，规划的实施有赖于工商、税务、科技、银行等多部门共同参与、系统推进、统筹进行。

银行内部专营部门的业务开展，可充分利用互联网运营模式，实现专营金融部门和互联网的有机结合，打造“互联网+专营金融机构”的金融服务新模式，为中小高科技企业提供更便捷的金融服务。

（二）设立专门针对中小高科技企业的专营商业金融机构

目前，我国已经涌现一批专门针对中小微企业的城市商业银行等区域性小银行，以小型金融机构来推动中小微企业的发展，是非常好的配套工程，但缺乏专门针对中小高科技企业的专营商业金融机构。已有的小型金融机构并未真正定位小微企业，支持效果未能很好地发挥出来。为此，可借鉴日本的经验和做法。

“二战”后，日本经济在重建过程中政府干预经济的发展战略以及对稀缺资本的有计划配置促进了银行体系的扩张，形成了一个银行主导型融资体系。在日本，无论是中小高科技企业还是一般普通企业，都高度依赖银行信用贷款，企业与银行之间具有很强的相互依存性，在持股、公司治理、融资和信息交流方面形成了长期而稳固的关系。日本中小高科技企业的融资模式是主银行制融资体系模式。在该体系中，所谓“主银行”，是指对于某个中小高科技企业而言，该企业无论是资金筹措还是运用都离不开这个银行，并且与该银行之间存在持股、干部派遣、长期性交易等关系的银行。在这种体系下，中小高科技企业与银行之间通过持股与融资的纽带建立了一种长期而稳定的特殊关系。

日本中小高科技企业与银行之间的捆绑关系，使企业与银行形成命运共同体，便于银行对企业的监督，降低了银行风险。我国可借鉴这一做法，以政府出资为主导，吸引中小高科技企业投资入股和各类社会资本入股，成立区域性中小型规模的“高科技企业服务银行”，入股的中小高科技企业可以得到对应的银行融资和服务。

（三）发展面向中小高科技企业的区域性担保机构

由于抵押资产相对缺乏，中小高科技企业只能较多地借助信用担保进行融资。我国的信用市场尚未真正建立，以知识产权、买方信用贷款、出口信用贷款等为基础的新型信用担保融资方式未能得到有效开展，为此，可以借鉴美国的做法。1958 年，美国政府为了解决中小企业融资问题，成立中小企业管理局（Small Business Administration，SBA）。SBA 的任务是“为小企业争取平等的竞争条件，服务于小企业这一经济群体”。SBA 在各州都有分支机构，主要为中小企业提供贷款担保、维护中小企业在政府采购中的份额以及为企业提供培训。

通过政府出资参与成立担保机构，为中小企业提供信用担保服务，这一做法在我国各区县已经得到开展，由于经济发展不平衡，各个地区差异较大。此外，比较突出的问题是各地担保机构单独运行，规模小、力量分散，没有建立配套的风险补偿机制，导致银行不太愿意提供这种信用贷款。因此，将各个地方政府背景的担保机构统一合并、集中管理，形成区域性担保机构，并建立相应的风险补偿机制，有利于调动商业银行开展此类业务的积极性。

三、定向金融工具开发创新

当前，各种面向高科技企业的政策型基金和金融支持工具极为有限，支持对象的选择依靠事先制定的资助条件进行模糊判断，并未考察需求企业的财务状况、成长潜力以及企业已有资金的运营管理情况，因而各种工具的使用效果并不明显，有必要借鉴国外的经验进一步开发更有针对性的定向支持工具。

（一）推出针对高科技企业的定向票据业务

虽然银行已开展中期票据业务，但其适用对象为所有企业，并未针对高科技企业，仍属于公开发行方式，要想使更多的资金向高科技企业倾斜，有必要推出针对高科技企业的定向票据。票据的定向体现在：针对主体为高科技企业，发行和交易面向特定投资者，属于非公开发行债券。

高科技企业定向票据适合于银行间债券市场发行，发行人资格和发行条件由监管部门确定，经监管部门一次注册批准后可在注册期内连续发行。结合发达国家的经验，定向票据的信息披露要求更低，不需要强制评级，同时仍保留公开发行融资工具的各项优点。鉴于我国债券市场已较为成熟，该种定向票据所依据的管理制度框架已较为完备，包括《银行间市场非金融企业债务融资工具管理办法》《非金融企业债务融资工具发行注册规则》《非金融企业债务融资工具中介服务规则》《非金融企业债务融资工具尽职调查指引》和《中国银行间债券市场交易商协会会员管理规则》等制度均已实施运行，仅需制定专门的“发行条件指引”即可启动。

（二）加快推出知识产权证券化工具

知识产权证券化是发起人将已拥有知识产权的未来许可使用费和已签署的许可合同中的保障支付的使用费作为基础资产支撑，通过一系列的金融结构安排对其中的收益要素和风险进行重组和隔离，转移给特殊的目的机构，以此项基础资产作为担保发行可以流通的权利凭证，据此融资的过程。知识产权证券化实质上是将知识产权（商标、专利、著作权等）未来的许可使用费进行证券化，或者直接将知识产权所有权证券化，以达到将知识产权未来的效益通过证券化手段迅速转变成资金的效果。

知识产权证券化于 20 世纪 90 年代末在欧美国家兴起并迅速发

展，解决了部分中小高科技企业发展中的资金缺口，构成了知识经济的重要一环。当前，我国已在有形资产证券化方面成功地进行了长时间的尝试和探索，资本市场体系日趋完善。《著作权法》《专利法》《商标法》《著作权集体管理条例》等一系列知识产权相关法律及相应的司法解释和实施细则颁布实施，构建了较为完整的知识产权法律体系，知识产权保护已得到足够重视，知识产权年注册数量已跃居世界首位，将有形资产证券化推广到知识产权方面的市场环境、制度条件等已经成熟。相信知识产权证券化工具的推出对解决中小高科技企业融资问题会起到实质性推动作用。

近年来，我国知识产权登记数量逐年攀升（见表 7-1），自 2002 年起商标注册申请量位居世界首位，专利申请量 2011 年居世界首位，庞大的知识产权并未真正发挥其应有的地位。如果每件授权专利平均按 30 万元价值计算，2017 年授权专利估值即超过 5000 亿元，而国家知识产权局统计的当年专利质押融资额 720 亿元，仅相当于授权专利价值的 15%，而这一融资比例仅仅只是当年授权专利的增量部分。围绕知识产权证券化、大力发展金融机构和市场中介，对于解决高科技企业债务融资问题将起到极大支持作用。

表 7-1 2001~2017 年我国知识产权授权登记数量变化

单位：万件

年份	2001	2003	2005	2007	2009	2011	2013	2015	2017
专利授权	11.4	18.2	21.4	35.2	58.2	96.1	131.3	171.8	183.6
其中：国内	9.9	15.0	17.12	30.2	50.2	88.3	122.8	159.7	172.0
国外	1.5	3.3	4.2	5.0	8.0	7.7	8.5	12.1	11.6
版权登记	0.7	1.2	5.9	13.4	33.6	46.1	84.5	164.1	274.8

资料来源：国家知识产权局，http：//www.sipo.gov.cn。

四、信用信息平台打造

当前“互联网+”已纳入国家战略层面，探索如何将互联网金融的各种模式应用于中小企业融资，具有重要的实践意义。“互联网金融”的优势是借助互联网平台，方便、快捷、低成本对接中小企业的融资需求，但实现这一目标的基础是企业信用信息平台的建设与完善。企业信用信息平台的信用信息内容不完善、不权威，成为决定资金出借人出借资金的最大制约因素。因此建立完备的企业信用信息平台，有助于扩大银行对中小高科技企业的信用贷款融资。

目前，由中国人民银行建立的征信系统主要面向大中型商业银行开放，用于商业银行的信用评价和信贷管理，主要针对的是大型企业，而中小企业在信息结构方面与大型企业存在着显著差异，这使得中小企业难以适应商业银行的信用评价体系。由于缺乏引导中小企业进行信息披露的规范准则，商业银行难以获取中小企业真实可靠的经营信息，由此导致的信息不对称使银行等金融机构需要付出大量的人力、物力用于审核中小企业资质、搜寻中小企业的经营信息，以区分中小企业的优劣，达到控制风险的目的。

此外，国家和各省级工商行政管理部门已经建立企业信用信息公示系统，全国企业信用信息公示系统已于 2014 年 2 月上线运行，各地方企业信用信息系统也纷纷上线运行。公示的主要内容包括市场主体的注册登记、许可审批、年度报告、行政处罚、抽查结果、经营异常状态等信息，提供上述信息的免费查询服务。平台信息来源分工商管理局公示信息和企业公示信息两部分（见表 7–2），但企业提交的公示信息由企业自行填报并对其真实性、合法性负责。从信息内容看，不足以反映企业完整和真实的信用状况。首先，企业信用信息公示系统缺少因经济纠纷导致的诉讼信息及审理执行情况，这一信息无疑对投资者和债权人具有重要的参考价值；其次，动产抵押和股权质押信息也是资金出借人是否出借资金的一项重要参考信息，而该信息由企业提供，其真实性无法有效保证，加大了出借人的风险；最后，未能将公司发起人和管理决策人的个人信用信息与平台相关联，使资金出借人失去一项重要参考。

表 7–2 企业信息平台公示信息情况

信息来源	主要内容	信息提供者
工商管理局公示信息	登记信息：企业基本信息、投资人信息及企业变更信息	工商部门按企业办理登记信息提供
	备案信息：企业主要人员信息及分支机构信息	企业提供的备案信息
	行政处罚信息：企业因违反工商行政法律法规被工商部门做出处罚的记录	工商部门提供
	动产抵押及股权质押登记信息	企业提供的备案信息
	经营异常信息	工商部门提供
企业公示信息	企业年报	企业提供
	股东或发起人及出资信息（变更情况）	企业提供
	行政许可信息	企业提供
	知识产权出质登记信息	企业提供
	行政处罚信息	企业提供

为了对信用信息系统加以完善，信用信息平台的参与主体应进一步扩充。

首先，应纳入企业涉及法院、税务部门的相关信息（或者与法院税务部门的信息平台对接），使信用信息内容更丰富完整，真正能够规范企业经营行为，使企业诚实、守信、守法经营。

其次，出资人和管理决策者的个人信用素养会直接决定与其有利益关系的所在企业的信用行为，大多数企业失信案例都是企业相关主体从个人利益出发，不顾债权人权益而刻意违反法律法规的行为，因此有必要将企业的主要利益相关人的个人信用信息纳入系统，将企业信用与个人信用信息系统对接，从规范个人行为的角度约束企业守信。

再次，大力发展扶持大型权威信用评价中介服务机构，为企业提供企业信用评级及信用担保，消除资金出借人对系统内企业提供信息真实性的疑虑。

最后，央行、工商、税务、法院等各部门的信用信息平台在设计上要统一规划，以保证各信息平台的信息互通与共享。

五、债务融资风险控制机制

由于高科技企业经营风险相对较高，按照收益与风险对等的原则，其融资成本也就相对更高，只有在风险控制机制较完备的前提下，融资成本的降低才可能成为现实。企业融资风险控制机制的建立需要资金融入方、出借方、社会中介及市场监管部门共同参与，只有在厘清参与各方职责和权益的基础上，融资风险控制机制才可能真正发挥有效作用。

从高科技企业融资风险控制主体角度看，社会中介、市场监管部门的职责和作用尤为突出，应承担风险控制的主要职能。当前，我国企业融资风险控制机制尚未完全建立，资金出借方对融出资金的风险控制力量薄弱，自 2015 年下半年以来，企业债券兑付违约事件频发，P2P 问题融资平台越来越多，融资风险问题集中爆发，说明建立企业融资风险控制机制已刻不容缓。

第一，应大力发展融资担保、信用评级等风险控制的中介机构。各级政府应鼓励并规范各类资本参与成立担保、租赁、评级、审计等各种中介机构，培育风险控制的市场主体。在企业无资产担保和股权抵押时，可以由市场担保中介机构介入，对于融资风险由信用评价中介机构进行动态评级，将融资风险评定为良好、关注、重点关注、问题级。

第二，应建立开通融资风险控制的多级防护功能，防止风险的发生与蔓延，最大程度减小风险造成的影响和损失。多层级防护体系由各受益方共同参与，由内到外依次由“融资人→担保人及责任中介→专项基金→债权人→政府部门”共同构筑（见图 7-1），其中专项基金可借鉴日本模式实行会员制，由地方政府出资主导，高科技企业参股共同出资成立，采用市场化方式运作。通过建立多层级风险防护体系，可以唤醒参与各方风险控制的责任意识，对于发生风险的问题融资，应由市场监督机构牵头，明确各方应负的责任及分担比例，切实保护资金融出方的最终权益。

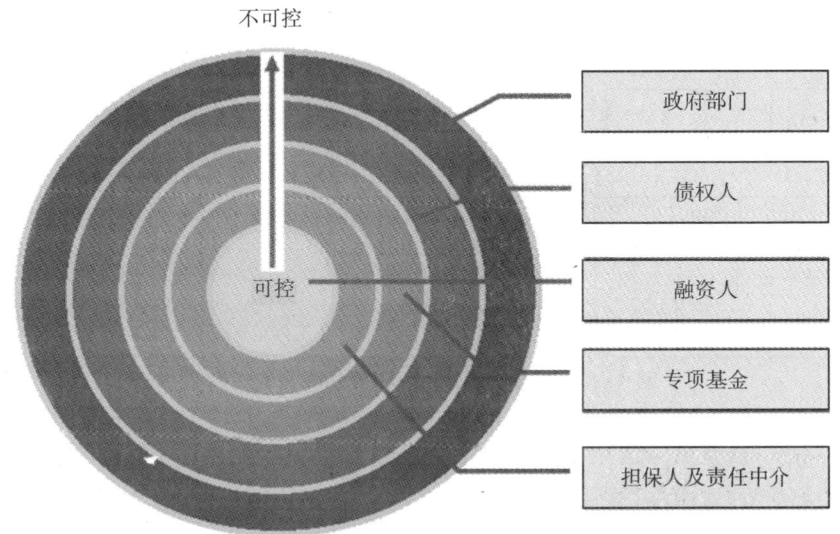

图 7–1　多层级中小高科技企业融资风险控制体系

第三，保证融资从申请、考察、核准、使用、偿还全通道信息透明，明确各环节信息应包含的内容、提供人及责任主体，并建立问题融资的专项审计制度，为市场全方位监督和责任界定提供依据（见图 7–2）。问题审计是针对融资风险发生后由政府监管部门委托第三方审计机构对风险发生的原因、损失及违约责任进行调查并出具审计报告，作为确定各方责任及损失比例分担的依据，并对其中涉及的违法违规行为进行处罚。

第四，由市场监管部门牵头并指导成立协会，制定风险控制的各项制度与规范，明确参与各方的职责与义务，并负责监督实施。完善的风险投资政策法规体系、监管标准和监管体系，有利于提高效率、规范行为、防范风险，使高科技企业融资风险投资市场良性发展。

第五，建立和完善风险投资机制，积极培育和发展风险投资机

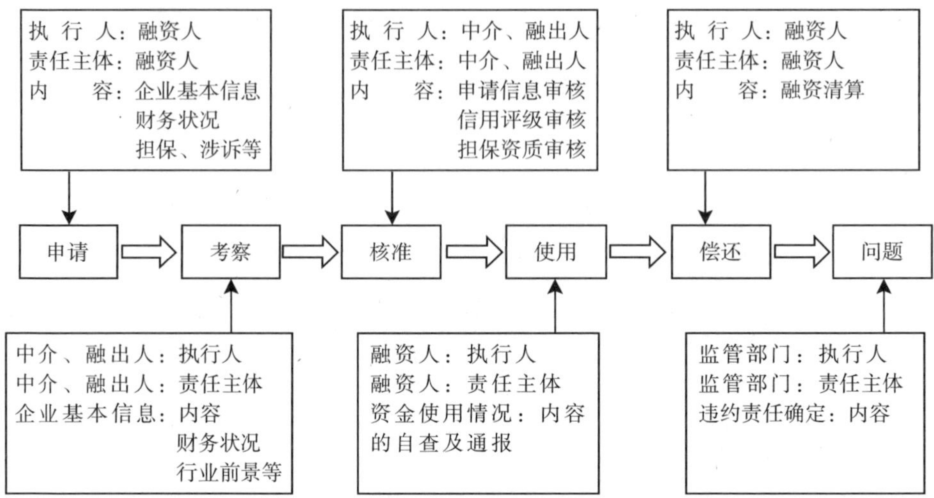

图 7-2　高科技企业融资环节分解及责任落实

构，鼓励各类资本参与风险投资。一方面，各级政府要根据本地区科技、经济和市场发展水平，着重在创造环境、完善市场机制、吸引国内外风险投资资本方面发挥作用；另一方面，建立和完善风险投资撤出渠道，风险投资资金可通过企业购并、股权回购、股票上市等多种形式撤出，既有利于风险投资机构的发展壮大，又对高科技企业的发展起到促进推动作用，最终形成两者的良性互动。

第三节　研究贡献、不足与展望

一、研究贡献

本书探讨了债务杠杆和债务结构配置对高科技企业成长绩效的影响。相比已有的相关研究，本书从以下三个方面进行了创新尝试：

第一，研究对象针对高科技企业。高科技是一个较宽泛的概念，已有的文献较多从企业 R&D 投入角度研究 R&D 投入与成长绩效的关系，但并非专门选取高科技企业群体进行研究。本书以通过认定的国家级高新技术企业作为选样框，样本企业符合严格意义上的高科技企业界定条件。所得结论对高科技企业成长更具有借鉴意义和参考价值。

第二，将债务杠杆与债务结构相结合系统考察债务与成长的关系。已有的文献大多对债务杠杆与成长性的关系和债务期限结构与成长性的关系分别进行研究，而债务杠杆和债务结构作为企业债务的两面，具有不可分离性。因此，只有将两者同时纳入企业成长的影响因素中才属于对企业债务与成长关系完整、系统的研究。

第三，变量及数据处理的科学性。已有的文献研究企业成长绩效的影响因素时，通常选取某个指标对成长性加以度量，并直接使用指标观测值作为因变量值。首先，使用成长性度量的两个主要指标提取因子，并转换为排序作为因变量值，充分考虑了原始指标非正态分布的特点。其次，债务指标也使用排序值作为影响变量值，消除了长尾分布导致的非线性特征。最后，对其他资金运营控制变量使用因子分析法提取因子，也有助于综合分析各类变量对成长性的影响。

二、研究不足与展望

（一）研究不足

本书力求通过科学的方法系统分析债务杠杆和结构配置对高科技企业成长的影响，但限于个人水平及客观条件限制，研究存在一定的不足，主要体现在以下两个方面；

一是限于数据的可获得性，样本仅选取了上市高科技企业，未能覆盖非上市高科技企业。而绝大多数高科技企业为非上市公司，其资金运营特征与上市公司可能存在一定程度的差异。因此，样本不一定能较好地代表全部高科技企业，所得研究结论对于非上市高科技企业是否成立存在一定的不确定性。

二是对债务杠杆和债务结构配置如何影响高科技企业成长的作用机制未进行系统分析。本书的理论依据是资本结构理论和企业成长理论。其中，资本结构理论是以企业最佳资本结构作为研究目标，是以企业价值最大化为前提，对于资本结构如何影响企业成长的机制并未进行分析；企业成长理论亦未从资金运营角度揭示企业成长的规律。因此，本书未能从上述理论出发，对债务杠杆和结构配置如何影响高科技企业成长的作用机制进行系统分析。

（二）研究展望

企业成长一直以来都是学术界和企业管理实践重点关注的话题，特别对于高科技企业而言更是如此。从资本结构入手揭示高科技企业成长的规律，有助于推动高新技术产业发展和“创新驱动”国家战略实施。对债务杠杆、结构配置与高科技企业成长关系问题的后续研究，以下几个方面有待进一步深入开展：

第一，有必要从资金运营视角揭示高科技企业成长的内生机制。学术界对某个或某几个资金要素是否影响企业成长已有较多的研究成果，但这些资金要素对企业成长的传导机制尚未进行深入研究，包括传导路径以及各要素之间在传导过程中的因果关系，弄清这些问题有助于合理地运用债务杠杆和结构配置调节高科技企业成长。

第二，就国内的研究而言，限于数据获得的难度，均以上市公司为样本进行研究。目前，亟须选取非上市高科技样本企业，通过收集样本数据，研究其债务因素对成长的影响，以观察这种影响关系是否与上市样本企业存在相似之处。

第三，研究高科技企业债务与成长关系问题，最终目的是为高科技企业快速成长提供有益的参考。在当前宏观“去杠杆”背景下，企业普遍面临资金紧张状况，从政策角度研究推出科技金融工具，解决高科技企业债务融资难题，需要从理论和实践方面尽快加以探索。

附　录

附表 1-1　2010~2017 年各季度 GDP 及三次产业增加值增长速度

单位：%

	GDP	第一产业	第二产业	第三产业		GDP	第一产业	第二产业	第三产业
2010 年第一季度	12.2	3.9	15.4	10.0	2014 年第一季度	7.4	3.2	7.6	7.6
2010 年第二季度	10.8	3.6	12.8	9.6	2014 年第二季度	7.5	4.0	7.8	7.6
2010 年第三季度	9.9	4.3	11.5	9.6	2014 年第三季度	7.1	4.6	7.3	7.5
2010 年第四季度	9.9	4.7	11.6	9.5	2014 年第四季度	7.2	3.9	7.0	8.4
2011 年第一季度	10.2	3.2	11.3	9.9	2015 年第一季度	7.0	3.1	6.4	7.8
2011 年第二季度	10.0	2.7	11.0	10.2	2015 年第二季度	7.0	3.7	6.2	8.4
2011 年第三季度	9.4	4.1	10.7	9.4	2015 年第三季度	6.9	4.2	6.0	8.4
2011 年第四季度	8.8	5.4	9.9	8.5	2015 年第四季度	6.8	4.1	6.3	8.2
2012 年第一季度	8.1	3.7	9.5	7.3	2016 年第一季度	6.7	2.9	6.0	7.5
2012 年第二季度	7.6	4.6	8.0	7.8	2016 年第二季度	6.7	3.1	6.4	7.4
2012 年第三季度	7.5	4.1	7.7	8.2	2016 年第三季度	6.7	4.0	6.3	7.6
2012 年第四季度	8.1	5.0	8.5	8.7	2016 年第四季度	6.8	2.9	6.3	8.2
2013 年第一季度	7.9	3.0	7.8	8.4	2017 年第一季度	6.9	3.0	6.4	7.7
2013 年第二季度	7.6	2.6	7.6	8.3	2017 年第二季度	6.9	3.8	6.5	7.7
2013 年第三季度	7.9	3.9	8.3	8.5	2017 年第三季度	6.8	3.9	6.0	8.1
2013 年第四季度	7.7	4.7	8.1	8.1	2017 年第四季度	6.8	4.4	5.7	8.3

注：按可比价格，以上年同期为 100 计算。

资料来源：国家统计局网站（http：//www.stats.gov.cn）。

附表 1-2 2010~2017 年各季度出口、消费和投资增长速度

单位：%

	出口	社会商品零售总额	固定资产投资		出口	社会商品零售总额	固定资产投资
2010 年第一季度	30.3	18.0	26.4	2014 年第一季度	–4.7	12.0	17.6
2010 年第二季度	41.0	18.5	25.2	2014 年第二季度	5.0	12.3	17.2
2010 年第三季度	32.5	18.4	23.1	2014 年第三季度	13.1	11.9	13.4
2010 年第四季度	25.2	18.8	23.9	2014 年第四季度	8.7	11.7	13.3
2011 年第一季度	25.3	16.3	32.5	2015 年第一季度	10.0	10.6	13.5
2011 年第二季度	22.4	17.2	24.7	2015 年第二季度	–2.0	10.2	10.5
2011 年第三季度	20.7	17.3	29.3	2015 年第三季度	–5.8	10.7	8.5
2011 年第四季度	14.4	17.5	18.7	2015 年第四季度	–5.0	11.1	8.9
2012 年第一季度	8.9	14.8	21.3	2016 年第一季度	–8.4	10.3	10.7
2012 年第二季度	10.5	13.9	20.8	2016 年第二季度	–3.6	10.2	8.1
2012 年第三季度	4.5	13.5	21.1	2016 年第三季度	–5.7	10.5	7.1
2012 年第四季度	9.5	14.9	20.3	2016 年第四季度	–4.4	10.6	8.0
2013 年第一季度	18.9	12.4	21.4	2017 年第一季度	7.7	9.2	9.2
2013 年第二季度	4.2	13.0	19.8	2017 年第二季度	9.3	10.8	8.3
2013 年第三季度	4.0	13.3	20.4	2017 年第三季度	6.9	10.3	5.5
2013 年第四季度	7.5	13.5	18.0	2017 年第四季度	10.0	9.9	2.1

注：出口以美元计，以上年同期为 100 计算。

资料来源：根据国家统计局网站（http：//www.stats.gov.cn）数据整理。

附表 1~3　1990~2020 年中国劳动年龄人口数量及占总人口比例变化趋势

年份	劳动年龄人口（亿人）	总人口（亿人）	劳动年龄人口占比（%）	年份	劳动年龄人口（亿人）	总人口（亿人）	劳动年龄人口占比（%）
1990	7.01	11.30	62.0	2006	8.89	13.14	67.7
1991	7.23	11.58	62.4	2007	8.93	13.21	67.6
1992	7.32	11.72	62.5	2008	8.96	13.28	67.5
1993	7.41	11.85	62.5	2009	8.97	13.35	67.2
1994	7.50	11.99	62.6	2010	8.99	13.41	67.0
1995	7.60	12.11	62.8	2011	8.98	13.47	66.7
1996	7.68	12.24	62.8	2012	8.95	13.53	66.2
1997	7.80	12.36	63.1	2013	8.93	13.61	65.6
1998	7.90	12.48	63.3	2014	8.91	13.68	65.1
1999	8.10	12.58	64.4	2015	8.88	13.75	64.6
2000	8.22	12.67	64.9	2016	8.86	13.82	64.1
2001	8.31	12.76	65.1	2017	8.80	13.90	63.3
2002	8.42	12.85	65.5	2018	8.71	13.99	62.3
2003	8.55	12.92	66.2	2019	8.67	14.07	61.6
2004	8.67	13.00	66.7	2020	8.62	14.13	61.0
2005	8.81	13.08	67.4				

注：劳动年龄人口及 2017 年以后总人口根据第四、第五、第六次全国人口普查结果推算。

参考文献

[1] Anyadike-Danes, Michael, Karen Bonner, Mark Hart, and Colin Mason. Measuring Business Growth: High-Growth Firms and Their Contribution to Employment in the UK [M]. London: National Endowment of Science Technology and the Arts (NESTA), 2009.

[2] Delmar F. Measuring Growth: Methodological Considerations and Empirical Results In Entrepreneurship and the Growth of Firms [M]. Cheltenham: Edward Elgar Publishing, 2006.

[3] Myers S., Majluf N. Stock Issues and Investment Policy When Firms Have Information that Investors Do Not Have [M]. New York: Social Science Electronic Publishing, 1984.

[4] Kirchhoff A. Entrepreneurship and Dynamic Capitalism: The Economics of Business Firm Formation and Growth [M]. Westport, CT: Praeger, 1994.

[5] Storey D. A Portrait of Success: The Facts Behind High Growth Companies in the UK [M]. London: Deloitte & Touche, 2001.

[6] Wennberg K. Managing High-Growth Firms: A Literature Review 2013 [R]. www.OECD.org.

[7] 卢俊编译. 资本结构理论研究译文集——当代经济学系列丛书 [M]. 上海：上海人民出版社，2003.

[8] 迈克尔·希特，R.杜安·爱尔兰，罗伯特·霍斯. 战略管理：

概念与案例（第 12 版）［M］. 刘刚译. 北京：中国人民大学出版社，2017.

［9］奥利弗·哈特. 企业、合同与财务结构［M］. 费方域译. 上海：格致出版社，2016.

［10］彭罗斯. 企业增长理论［M］. 赵晓译. 上海：上海人民出版社，2007.

［11］肖作平，廖理. 债务期限结构影响因素研究——理论和证据［M］. 北京：中国人民大学出版社，2009.

［12］李扬，张晓晶，常欣等. 中国国家资产负债表 2015：杠杆调整与风险管理［M］. 北京：中国社会科学出版社，2015.

［13］冯宗宪. 中国高科技企业成长研究［M］. 北京：中国社会科学出版社，2011.

［14］杨娟. 中小企业融资结构：理论与中国经验［M］. 北京：中国经济出版社，2008.

［15］韩太祥. 经济发展、企业成长与跨国企业［M］. 北京：经济科学出版社，2004.

［16］柴玉珂. 上市公司资本结构与企业绩效关系研究［M］. 成都：西南财经大学出版社，2012

［17］宋晓梅. 资本结构理论——基于公司控制权考虑的研究［M］. 上海：上海财经大学出版社，2009.

［18］科技部、财政部、国家税务总局. 高新技术企业认定管理办法（修订）［Z］. 2016.

［19］国务院. “十三五”国家科技创新规划［Z］. 2016.